職場軟實力

五南圖書出版公司 印行

李序

　　陳澤義教授是本校國際企業研究所教授兼所長，專精國際企業管理，也榮獲本校通識教育優良教師獎。今他以這本《職場軟實力》新書，請序於我。很高興看到陳澤義教授，延續他前一本書《幸福學：學幸福》的一貫精神和寫作風格，完成《職場軟實力》一書。我們可以這樣說，《幸福學：學幸福》主要是著墨在個人和家庭的層面，重點在於個人的如何安身立命；至於職場工作和待人接物的面對社會的層面，則是《職場軟實力》這本書的討論核心所在。期待更多人可以明白「職場軟實力」，在此鼓勵您發揮職場軟實力，以您獨特的智慧與才能，使您透過工作發光發熱，和世界接軌。

　　《職場軟實力》是澤義教授融會學術領域的鑽研與數十年來生活閱歷的體驗，也是將理論學理和生活應用緊密結合，所撰寫的智慧結晶。書中透過簡單語句和具體方法，讓學理變得簡單、容易讀、容易懂。這本《職場軟實力》的架構呈現是以職人一天的生活歷程，來展現優質的職場軟實力。章節安排是從早上起床、早餐時光、上班途中、上午工作、午休時間、下午工作、繼續加班、下班路上……到晚間安眠入睡、日日好日等。鋪陳出在日常職場工作中，如何表現出充實、幸福的職人生活品質，活出滿足、快樂，享受每一天的工作與生活，散發出職人獨特的智慧和剛強生命能量。如果你想要在職場上讓可以掌握的事情順利進行；讓不能掌握的事情能夠峰迴路轉，成為職場達人，享有美滿人生，澤義的書正是為你而寫的。透過這樣一本書，它會使你迅速掌握職場生活的框架，擴大你的職場視野，減少摸索碰壁的時間，並且使你準確的朝向職場成功和生活幸福

來成長，經歷日日是好日，擁有美滿人生。

　　澤義教授是一位具有教學熱誠的好老師，經常在講課時提到各種管理理論，他總是想要把冰冷的理論知識，應用在日常生活當中。被他教到的學生是有福氣的，無論是家庭生活的經營方向上如何重新思考？或是婚姻和感情生活的經營？乃至於工作上和就業上的抉擇？或是如何謙卑的和上司配合等？學生得以應用所學到的管理學理，這常有使學生豁然開朗，心領神會而受益良多的感受。當莘莘學子或社會青年面對人生前途，感到茫然無助之時，澤義老師的課，總會在管理理論的背後強調管理實際應用在生活問題的解決當中，使學生有方向，更有勇氣朝向成長的腳步前進，發揮自己的潛能，活出健康成熟的生命態度。

　　教學多年，澤義教授總是秉持著活用管理學理的精神，幫助各種年齡層的學生，包括大學生、進修部的大學生、碩士生、碩士在職專班生，博士生，學生都在老師潛移默化的教導中，有很多的收穫。例如，利用關係平衡原理在工作中更能夠和別人配合、經營共創雙贏的局面，乃至於面對棘手的婆媳問題；利用個性與工作適配理論來決定要做何種工作；利用屬性權重法的決策法則來決定如何買車和買房，以及決定相親後要優先交往的對象；以及利用愛情生產函數來生產愛情，改善夫妻關係等。當學生反應愈佳，就愈會介紹學弟妹來修澤義老師的課，因為管理課程變得更加生活化，這鼓勵他繼《管理與人生》、《生涯規劃》、《幸福學：學幸福》的通識書籍之後，寫下這一本《職場軟實力》，澤義老師出書的動機，是想要幫助更多人，學會如何在職場上管理自己，發揮職場軟實力。

　　職場管理是去做重要的事，並且把重要的事情做好。的確，沒有管理就是混亂與失序，職人的生活需要好好的管理。你最大的敵人是你自己，如何經營長且久的職場軟實力，自我成長乃是關鍵。職場軟實力會使你：在工作上發揮才幹，透過執行業務的承擔力使他人信服；在專業上發揮影

響力，透過專業事務中發揮有效建言與實作的決策力；在人際上連結他人，經營美好人際關係，建立口碑形成有口皆碑的傳遞力量，創造出指數倍增的綜效；乃至於在關鍵事務上，能夠發揮舉重若輕及調和鼎鼐的舉足輕重力量，創造轉危為安、峰迴路轉的成效；更包括在空間營造上，如何營造整齊清潔的空間以創造出有效率的流程等，乃至於透過網路發聲來連結全球社會。因此，我十分鼓勵年輕學子和社會青年人人都能夠擁有《職場軟實力》這本書，也盼望看到更多成人能夠閱讀此書，並且藉此活出美滿豐富的職人生命。澤義兄的這一本書，確實值得您來一探究竟，是為之序。

李永嘉

國立臺北大學校長

2021年4月

職人生活好滋味

同樣是職人或是準職人，生活品質可以不一樣。

懂得生活的人天天慢跑，

不懂生活的人胡衝亂跑，

不知道要做些什麼好。

有職場軟實力的在感恩，

沒職場軟實力的在唉哼，

然而唉哼只有船過水無痕。

有職場軟實力的箭上弦，

沒職場軟實力的處處嫌，

他只是整天在怨在嫌。

給職場生活一個夢，

給軟實力築一條路，

給人生路一個方向，

智慧勝過勇力，知識是叫人得著益處。

跌跌撞撞路仍要前行，

疲倦受傷時莫忘要休息。

並非事事能如己意，只有讓心不斷成長學習。

埋怨之外，可以做些什麼？

努力前後，又該怎樣評估？

遠見、使命、方向，如何落實在生活中。

日復一日，春夏秋冬，年復一年。

你的日子如何，你的力量就如何。

讓職場軟實力來陪伴你，邁向幸福美滿！

　　軟實力（soft power）一詞是哈佛大學奈伊（Joseph Nye）教授所提出，是指一個人透過吸引和說服，面對環境改變，影響他人共同達到自己預設目標的能力。軟實力有別於硬實力，硬實力是工作所需的專業能力，軟實力則是一種影響力，是個人的內在精神力。表現在能夠影響他人意志的能力，當中包括價值觀、吸引力、決策品質，和人際關係等元素。

　　本書強調「職場軟實力」，是對環境偶發改變時的適應能力，是在不利的職場環境中，發現珍貴美善職場的能力，使不利職場環境成為出奇意外的好事。許多的事是你不能掌控的，因為你必須和其他的人、事、物做連結。例如，COVID-19疫情爆發時，很多事情被迫改變或取消。這時，你可以選擇困在黑暗的隧道中，或是選擇發展開創全新的機會。我們需要不斷地調整自己，去面對自己在職場上不能掌握的部分。例如，發展外送餐食、開展視訊會議、構建網購平臺等。再如，廠商臨時更改活動內容、主任交辦你不熟悉的業務，這時你的選擇是什麼呢？你可以選擇生氣對方打斷你的計畫，還是選擇調整心情，用不同的角度做出更多的解方、更好的提案。

　　本書《職場軟實力》以職人一天的生活歷程，來展現優質的職場軟實力。也就是你在職場工作中，所表現出的職人生活美學或生活品質（life quality）。包括你一整天上班的種種，以及下班的時光，從清早起床到晚

間就寢，如何活得充實、幸福、過得滿足、快樂，享受在其中，散發出一股充沛的生命力和幸福感。筆者希望本書能夠幫助你，在職場上讓可以掌握的事情順利進行；讓不能掌握的事情產生互利雙贏的效益，進而經歷日日是好日，邁向美滿人生。

不只是知道，也要做到

我陳澤義在這本《職場軟實力》書中所寫的每一個學理，是建構個人職場生活軟實力的處方。因此，理論學理典範學習便成為撰寫本書的出發點，接著將理論學理與生活應用密切結合，期能為職人指出職場軟實力的明路，這是我撰寫這本書初心。

《職場軟實力》在融合學術理論與生活應用之外，也提供相關的生活小故事和例子。它們多是筆者的生活閱歷。我很感謝我生命中的這些貴人，用他們的經歷或和我的互動，帶給我很多啟示，使本書更顯豐富，在此特別致謝。另在本書中提到「上帝」，是我信奉基督教的用語。本書尊重各家宗教論點，但因個人信奉基督教，在全書中都用「上帝」稱呼。

我相信，這是每個人的夢

有一個溫暖的家庭，笑容可掬的賢慧妻子，貼心孝順的兒媳，以及和樂的家居生活，這是我工作的動力來源。每天早上我起床、出門，做自己喜歡的工作，這是我工作的樂趣所在。更棒的是，我不斷在工作上發掘出更好的方法，來做這樣的一件事。我很開心，能夠做自己喜歡做的工作，還有一點小成績，也是選擇強化職場軟實力的成果。

最後，將此書獻給　上帝。我也要衷心感謝和我結縭三十二年的妻子，以及兒媳迦樂、子祈、以樂，你們都是我的寶貝。本書能夠順利完成，必須特別感謝愛妻這些年來的辛勞持家、鼓勵支持和愛心包容。誠如所羅門王《箴言》：「得著賢妻是得著好處，也是蒙了耶和華的恩惠。才

德的婦女誰能得著，她的價值勝過珍珠。」國立臺北大學李承嘉校長的賜序，提升本書層次；五南圖書楊士清總經理和王俐文副總編輯概允出版，作者一併衷心感謝。本書中如有任何疏漏和缺失，尚祈各界先進不吝指正，是感。

陳澤義

識於國立臺北大學國際企業研究所

2021年4月

目次

第一章　早上起床

幸福是享受你所擁有的成功和快樂，

就是所謂的「知足常樂」；

在每一天早上起床的時刻，

你若是能夠感受到自己是幸福的，

那將會開啟你一整天的豐富生活。

因此，早上起床，告訴自己：

早安，要幸福喔！

在感受幸福中，來開始每一天。

第一節　職場實力

一、硬實力和軟實力

　　早晨，睡眼惺忪地睜開雙眼，使勁刷牙刷去昨天的疲憊，踏著還留有著昨天腳臭味的小小皮鞋，飛快腳步衝出家門，也帶起一些灰塵，拎著三明治加荷包蛋稍稍撫慰胃腸，闖蕩在車水馬龍、引擎喧鬧的都市叢林中，開始一天名字叫「生活」的日子。

　　無論你從事哪一種工作，任職哪一個職位，都必須具備相對的職場實力，這包括硬實力和軟實力。職場硬實力是透過書本、訓練教材學習到的技能，它很容易被量化。例如：畢業證書、專業證照、外語能力、打字速度、程式設計能力、駕駛執照、機器操作能力等。

　　至於職場軟實力是指一個人透過吸引和說服，面對環境改變，影響他

人，共同達成自己或上司預設目標的能力。職場軟實力很難透過教科書和課堂訓練來達成，也很難以被量化。包括五個層面：第一是使命必達，獲得成果的能力，內在動力和自我領導是具體的表現。第二是面認清環境，面對真實的能力，解決問題、策略規劃則是具體的表現。第三是與人聯結，建立信任的能力，溝通協調、團隊合作是其具體的表現。第四是面對環境壓力，危機處理的能力，靈活應變、時間管理是其具體的表現。第五是自我成長，助人成長的能力，領導他人、職場倫理是具體的表現。

　　職場軟實力是使你能夠變成卓越的真正原因，它是你在工作上的「內在美」。就算你在某些層面的硬實力並不十分突出，你依然能夠統合內在健全的基本素質，成為一個「對」的人，勇敢且成熟的面對各樣現實的挑戰，並且帶來真正無悔的成功。

　　職場軟實力勝過任何的學歷和證照，比專業硬實力更加重要。職場軟實力需要每天練習的紮穩馬步，透過每天的日常生活來鍛鍊自己，在每天似曾相識的各樣場景中，磨練自己的心理素質。能夠更洞見的看見問題，更深入的面對問題，更有感的處理衝突。更持續的自我進化，成為企業爭取的菁英。若是你想要出人頭地，那就從今天開始，每天訓練自我領導力，強化個人智能，鍛鍊職場所需的軟實力。讓改變就從今天早上開始。

二、每天的豐富

　　擁抱職場軟實力，讓你從早上起床開始的一天生活中，能夠以優雅姿態，從容徐行。不同於一般職人的忙亂疾行，活在焦慮不安中，落入集體焦慮，甚至沉悶失眠中，淪為都會制式產物。職場軟實力能使身為職人或準職人的你，能夠深信自己是誰，而且能夠選你所愛，愛你所選的前行。你能以天生我才必有所用的態度，在職場發光發熱，成為忠心良善的好管家。你更順著音樂節拍，展現獨特的曼妙舞姿，舞出創新和活力。你更以

宏觀視野角度，造福人群，帶出成功、幸福和美滿。

　　早晨，就讓你的眼光開始改變，隨時在心中畫出的美麗的風情吧！家中的每一個角落、家中的每一個物品、家人的每一個動作，都好像麵粉「flour」一樣的豐富，四處浸泡沾染喜悅。獲得美好早晨的快樂，進而擁有每天的豐富。這時的你，心裡清心、單純，相信生活中的一切美麗和豐富都是眞實的，絲毫沒有欺騙和虛假的成分。因此，你能夠放心地追求早安的快樂，乃至於每天的豐富。再者，這份豐富可以延伸到你和自己和好、你和別人和好、你和大自然和好、你和上帝和好的全面美好狀態。這是你擁有上帝所賜的美好生命，所呈現的圓滿狀態。

　　讓我們練習職場軟實力，就從早上起床，內心嚮往幸福，每天早上時光都快樂歡笑開始吧！

第二節　嚮往幸福

一、幸福是什麼

　　幸福是什麼？這個問題的答案每個人都不相同，沒有標準答案。因爲每個人心中自有一把尺，有自己的幸福哲學。幸福可以是福祿壽喜，名揚天下；可以是美滿家庭，子孫滿堂；也可以是浪跡天涯，四海爲家；或是自我實現、再現巔峰。

　　幸福（well-being；eudaimonia）這個字，字形上是「well」加上「being」的合體字，是一種全人上的美好、和諧（well），而且能夠知覺滿足（being）的狀態。心靈上的幸福感是主要的、最高的善；而追求幸福就是追求身心靈美善的實際活動。幸福有雙重特性：

　　第一，美好和諧（well）：幸福就是美好和諧。美好是行動最終的目的，也就是最高的美善（good）。和諧是所有事物達到協調、一致（harmony）的目標。美好和諧是所有文明和工藝活動的目的，故達到這

個狀態就充滿著幸福感。

第二，知覺滿足（being）。幸福就是知覺滿足。知覺滿足是一個人主觀上滿意於現在所處的狀態。幸福就是「知足常樂」，是因著心中知足所產生出來的滿足感和快樂感受。

幸福是職人主觀上感受到自己的需要、條件和活動，都是處於美好和諧，而且期待已經獲得滿足的生活狀態。具有幸福感的人，比較容易克服困境，得到快樂，獲得希望，成就美滿生活。當一個人發現生命找到價值，被認可，自然會提高幸福感受。這是因為你內心的最深處，都是希望自己能被欣賞和被尊重，所以自我尊榮和自我實現是馬斯洛所提出的人類基本需求。而當你能夠享有快樂、希望和豐富，就能夠感到自己尊敬自己，自己欣賞自己，進而感到幸福。

幸福是一種體會，是一種平安的狀態。仔細看中文的「福」這個字，左邊是「神」的部首，右邊是「一口田」的筆順，故真正的幸福是接受自己的現況，並且享有「神賜一口田」的福氣感受。幸福不只是「物質生活」上的居住條件、教育水準、就業、所得和財富指標；也不只是「生活品質」上的社會連結、公民參與、環境品質、人身安全、工作和生活平衡指標。而是當你能夠接受神所賜下的一切，覺得自己很有價值時。你自己的那一份單純的幸福，就會好像是一隻青鳥，停留在你的身上。

簡單說，幸福的英文「well-being」，是「well」加上「being」，就是「美好」加上「所是」。也就是對於現在所擁有的一切，看作是非常美好，這實在和中文的「福」，接受「神所賜的一口田」，意思是一樣的。幸福的本質在於「知足」，你常說：「知足常樂」，以及「敬虔加上知足的心便是大吉大利了」。知足就是要：「活在當下」，抓住並且珍惜現在所擁有的生活片段，和四周的人、事、景、物。

當你停下昨日匆忙的腳步，早上起來就仔細思想自己現在所擁有的一

切，包括朋友、親人、工作，和同事等，你就會甦醒過來。若是你能夠珍惜現在，滿足現狀，能夠知足，就能夠感到幸福。

只要擁有一顆知足的心，你就會是一位幸福人，會去做幸福的事情。這時，重要的是要讓自己經常保持幸福快樂。這就是賽利格曼（Seligman）所提出「幸福人生」的內容。「早安，你幸福嗎？」

二、幸福就在這裡

人類（human-being）這一個字，英文是「human」加上「being」；這和幸福的英文「well-being」，是「well」加上「being」意義相近。兩者都有「being」這個詞，就是「所是」。這意味著你需要回到事物的本質，強調「所是」，而不是「所有」；強調「你是誰」，而不是「你做了哪些事」。就是你要成為真正的人，才能享有真正的幸福。

當你留意四周平凡的事物，例如：早上刷牙、搭公車上下班、晚間慢跑，以及向左鄰右舍問安；甚至開始打電玩、學習新舞步、開發新食譜、捻花蒔草，或烹煮咖啡，都可以獲得快樂和希望，這就是幸福。幸福需要你花時間培養、品味，進而達到無論在什麼情況下你都能夠知足，有衣、有食，都知足的美好境界。

如前所言，幸福就像是一隻小小青鳥，你若是拚命去抓，青鳥就會越飛越高，抓也抓不到；若是你整天追求幸福，幸福就真的會離開你而去。反倒是當你停下匆忙的腳步，幸福的小小青鳥就會停下來，停在你的頭頂上。真的，幸福並沒有離開。

再強調一次，金錢和名位的增加並不會使你更加幸福，因為許多證據表示，很多有名望和有金錢的人，並沒有更加感到幸福。事實上，幸福的感受是很主觀的，它和客觀的財富甚少關聯。同樣的，權力和地位也不會使你更加幸福，因為掌握權勢和地位的人，多會緊握權力，防止他人搶奪

權力，在高強度自我防衛下，自然很難擁有幸福，這是在明顯不過的事。

　　幸福就在你的身邊，只要願意仔細看、留心聽，暫停腳步，用心想一想，幸福就在這裡。只要你經常練習快樂，練習希望，那你就離幸福不遠。換句話說，你就會是一個幸福人，你會做幸福的事情。也就是對於你眼前的一切，都要看成非常美好，這和中文「福」這個字；「神賜一口田」，完全是異曲同工，就能在上帝的光中，享有幸福的喜悅！

第三節　幸福來囉

　　快樂和希望，是直接使你對於自己或他人，獲得幸福的行動。這是因為關照現在和懷念過去所產生的快樂和歡愉，足能產生幸福的感受；而擁抱未來前景所產生的希望情懷，則是產生幸福的溫床。這當中，快樂是關照現在，而希望則是期許未來。因此，快樂和希望就是幸福的別名。

一、快樂第一

　　快樂（happy）的英文是「happiness」，來自於冰島文的「happ」，和古挪威文的「hap」，意思是「好運」或「機運」。至於和「happ」有關的字根，則是「偶然（haphazard）」和「偶發事件（happen）」。於是，對於突然而來的好運，就是使一個人感受到真正快樂的方式。所表現出來的就是「改善時刻」、「情況好轉」時，所產生強烈的快樂感受。這是瞬間即逝的，好像喜獲麟兒的父母親、衝線得勝的運動員，或知道彩券中獎的一剎那。但是，這種「改善時刻」、「情況好轉」並不是一蹴可幾，經常發生的。於是在今天，人們擁有愈多的財富和地位，但是在內心中卻是仍然不開心，也不快樂。因此，快樂的追求需要從內心來學習，學習「轉念」，創造在內心中的「改善時刻」、「情況好轉」情境，獲得隨時能夠從心裡快樂起來，創造「常常喜樂」的具體功效。

　　簡單說，快樂的意思是：「個人一種即時幸福滿足的狀態，一個心裡愉快的滿意經驗」，特別是在家庭中，享有家庭和樂的快樂。快樂也來自於「助人為快樂之本」、「有朋自遠方來，不亦樂乎」、「美景美食的享受歡樂」、「知足常樂」、「心滿意足」、「心想事成」等。這時就是一個人心中的順從態度，表現出主觀上滿意所有一切的活動或服務內容時，內心的滿足心情。這是因為一個人接受，這一件事情是符合個人期望的，是期望能夠實現的，這是一件非常快樂的事情。因此，一個人就直接順著四周活動的內容來解讀，產生快樂不假思索的感受。

　　希望（hope）的意思是一般的期望。一個懷有正面希望的人，都會認為在生活中「好事會發生」，而不是壞事會報到。這就像「hop」跳躍般，自然的跳出現實的環境。正面想法的樂觀人，會對未來有好的期待，期待好事會發生，這也是另外一個層面的幸福。

二、對現在歡笑

1. 享受當下就會對現在歡笑

　　快樂是可以學習的，要練習對現在歡笑，享受當下的特定情境。其實，在上帝創造的這個世界中，天底下並沒有什麼新鮮事，也沒有什麼舊事老梗，只有當你的眼睛變得老舊，才會使你錯過許多值得欣賞的事物，誤以為日子總是無聊沉悶，千篇一律。事實上，事情的「沉悶」或「新鮮」都是由你的眼睛來決定。

　　且讓你擁有一雙全新的眼睛吧！去看看為什麼小朋友每一天都是那麼快樂，就算去家裡附近的公園或便利超商很多遍，「舊地重遊」仍然是這麼開心呢？因為小孩子的心中充滿好奇心和想像力，充滿細心觀察、用心感受的幻想空間。在他們眼中沒有什麼是理所當然或「固定常模」的。小

孩子對四周同樣的事物，可以看見其中的趣味，超越事物的外觀，他們樂於留意四周每一件事物的變化和不同點。就算是牆上的五隻小螞蟻，也可以看出它們不同的隊形和走路姿態。因為在孩童的眼中，這個世界是千變萬化的，今天螞蟻所走的路，和昨天的路並不一樣啊！

2. 對現在歡笑的祕訣

怎樣才能夠做到對現在歡笑呢？這需要增加清心、單純的感受。**賽利格曼**（Seligman）指出，具體的做法就是習慣性的清心和鑑賞，說明於後：

(1)清心

清心是放鬆心情，心無旁鶩的體會某些事物。將心靈的速度放慢，用心去留意四周環境所發生的事情。擁有一顆清心、單純的內心，不要事先預設立場，不要企圖掌控對方，凡事順其自然並且保持彈性，就會容易享有快樂的早晨，擁有美好的一天。例如，早晨抬頭遠眺窗外的白雲，觀看天邊的太陽，欣賞晨間的朝露，伸手一探無端飛過的小蜻蜓，回頭看見窗前的花臺，家人的牙刷牙膏、洗臉毛巾等，這些都可以成為一天快樂的來源。

(2)鑑賞

鑑賞是欣賞、品味早晨當下的人事物情景，用心的放大每一個細節，這包括五個標準作業程序（SOP）：

(a) 建構記憶：將當下情景深印腦海，記下最快樂的場景、何人、何時、何事物、最經典的對話，以及特別的紀念物品，或留下紀念物品強化回憶，並可與人分享。例如，筆者看見窗臺上的一株蘭花，就回想它是愛妻上個月特別從臺北花市買回來佈置的；又如筆者看見沙發上的笑臉靠枕，就想起這是筆者和愛妻前年春天一起到日本旅遊，買回來的紀念品。

(b) 強化觀察力：將注意力集中在某些特定的地方，並排除其餘不想要的地方。讓你的觀察力更加的敏銳。特別去回想某次有趣的事件，定格在某一塊特殊的動作方塊，最好能夠有一段慢動作特寫般的描繪，如記下某些特定物品的顏色、花樣、形式，以及對話的內容，甚至是周邊的人物與天氣呈現狀態。例如，看到一株蘭花，帶著銀白色的花瓣，搭配起青翠的綠葉，以及小小的立牌，上面寫著「life is good」，同時也看見花盆中豎著一枝白色的小雕像，一朵美麗的蝴蝶形狀。

(c) 純化感受：單純的沉浸在此時此刻的場景，不去想應該要怎樣，不去想下一步會怎麼樣，也不想怎樣改進現狀。就單純地把自己丟到這樣一個場景當中。例如，筆者每次回想到這個笑臉靠枕，心中就會不自覺的升起暖暖的愛意、手舞腳蹈、臉頰紅潤，心中感到十分快樂，喜樂泉源源源不斷。

(d) 與四周他人分享：找家人或朋友分享，使四周他人知道你是怎樣珍惜某一份機緣。在分享時候最能看出你的快樂程度。因為在分享的時刻，喜悅總是加倍的多。例如，筆者喜歡在課堂上和學生分享與太太相處的心中喜樂，以及約好朋友出到麥當勞聊一聊的喜樂心情。

(e) 自我恭賀：告訴自己，你是一個很棒的人，別人很重視你、欽佩你，你等這一天很久了。例如，筆者就經常告訴自己，筆者是一個快樂幸福的人、超棒的人，是一個人見人愛的人。

若是抱著隨緣就好的想法，不把內心嚮往幸福，每天早上時光都快樂歡笑當做一回事。每天只是忙著做事，或是裹足不前，只是「盧」在原地，職場軟實力光說不練，這樣就無法經歷每天的豐富。讓我們從每天早上都「幸福快樂」走在這條職場軟實力的道路吧！本書各章將一一解密，如何走在職場軟實力的道路上，每天經歷豐富、幸福、快樂、美滿。例如，第二章早餐時光的設定目標，是鍛練使命必達，獲得成果的能力。第

三章上班途中的突發事件解讀，第四章工作之一的工作神聖，都是鍛鍊面對認清環境，面對真實的能力。第五章午休時間的廣結善緣，第六章工作之二的工作學習，則是鍛鍊與人聯結，建立信任的能力。第七章繼續加班的時間管理，是面對環境壓力，危機處理的能力。第八章下班路上的面對自己，是自我成長，助人成長的能力。第九章後相同不再贅述，請你繼續看下去！

第二章　早餐時光

第一節　設定目標

> 與其一大早趕著上班，
>
> 早餐匆匆解決，
>
> 路旁胡亂買個三明治，
>
> 將就打發自己的胃腸。
>
> 不如把握早餐的時光，
>
> 利用早餐這段時間，
>
> 想想下面三個有關目標的主題。

一、有目標才有順利

首先，在人生的每一個今天，若是你有個明確的目標，就好像在登山路上設立路標，可以指引方向，你就不會今天向東、明天向西、後天向南、後來又向北，整天忙得團團轉，或留在原地，浪費時間。做好目標規劃很重要。

大學畢業後的你必須面對臺灣大學生的平均起薪28K，在30歲前，你需要有**查爾斯**和**庫柏**（Charnes and Cooper）的**目標規劃**（objective programming），滿足工作事業目標和婚姻家庭目標。在目標規劃中，需要有願景、使命和目標，說明於後：

1. 願景

願景（vision）是你心中想要實現的理想或夢想。願景是在你腦海中，「預先看到未來光景」的想像，或稱為視野，它代表你的希望、夢想、期待、願望或渴望。例如，願意看到擔任國際企業主管，實現夢想；願意看到婚姻美滿、家庭幸福；願意看到日進斗金，財富自主。願意看到父母健康。當然，也可以訂定普世的願景，如希望世界和平、希望疫情退散、希望平等自由等。

2. 使命

使命（mission）是你完成和落實夢想的方式。使命可以看成是你活著的**目的**（purpose），它是值得你經年累月持守的方向，直到看見願景實現。管理學之父**彼得杜拉克**（Peter Drucker）說：「使命是管理活動的開始，使命必然要居首位。」這指出你要將生命願景，轉換成可以執行的方式，使它能夠做成，這是職場軟實力的起點。例如，願景是到國際企業擔任主管，使命便是精通外國語，多益850分以上；願景是婚姻美滿幸福，使命便是修習戀愛婚姻學分，學會付出關愛和精進溝通技巧；願景是日進斗金，財富自主，使命便是先存到第一桶金，才能開始財富管理做到錢滾錢。

基本上，願景和使命都是內在驅力，表現出來的就是具體的目標。

3. 目標

目標（goal）是在特定時間點，達到所要的結果、成績或地點，是達成願景和使命的**標竿**或**地標**（landmark）。成功就是達成你想要的，是達成你訂定的目標，就是所謂的「心想事成」。目標包括兩個要素，就是時間和空間要素，說明於後：

　　(1)時間要素：是使職人達成某個希望的時間點。這裡需要一個明確的數字，代表某一個特定時間，你能夠確認自己是不是已經達成目標。例如，目標是在28歲存到人生的「第一桶金」（如100萬元）；目標是在30歲結婚成家；目標是在三年後生下第一個小孩等。

　　(2)空間要素：是職人達成某個希望的特定地點或成果。在這裡，需要設定是在某一個時間點，所要達到的目的地或成果。這裡的目的地或成果可以是當上主任，可以是某項成績水平如考上司法官，也可以是實際的目的地如住在洛杉磯。重要的是需要一個明確的數字，來表示特定的績效水平，從而使你能夠遵循，確認是否已經達成這個目標。

　　這裡的時間和空間要素，缺一不可。因為人若沒有異象，就放肆。你的目標，若是審慎思考，甚至從上帝得到靈感，更是美事一椿。因為你立志行事，都是上帝的能力在你的心裡運行，為要成就上帝的美好心意。

　　這裡要澄清什麼是目標，什麼不是目標。基本上，希望或夢想並不是目標，只是你的願景。例如，某甲想要升官發財、想要工作升遷、想要日進斗金、想要嫁娶神仙美眷、想要擁有美滿家庭等。這些只是願望，並不是目標。夢想或願望是模糊不清楚的；而目標則有明確的數字標準，可以判斷目標是否已經達成。例如，某甲希望成為一位律師，這不是目標，還需要加上其他條件來轉成目標。例如，需要加上在四年內考上律師高考，或是二年內考上司法官或書記官。

　　伍爾本（Urban）說：「目標是一個有特定底線的夢想」。因此，希望或夢想需要限縮範圍到某個更明確的區域，再加上一個明確的時間，成為一個目標。例如，某甲夢想未來有一天可以住在美洲，但是美洲範圍很大，是一整個美加板塊，因此需要縮小範圍，成為一個國家如美國、一個區域如加州，或是一個城市如洛杉磯，並且加上要達成的時間如三年。只有夢想的內容變得清晰，才能夠引導自己的內心，朝向某個特定目標積極

移動，這樣希望才能實現。例如，某職人夢想未來有一天要當上主管，但是當上主管的範圍太大，是一整個管理階層，所以需要縮小範圍，成爲某一個行業如電子業、某一類企業如美商公司、某一個部門如業務部，以及某個管理階層（如經理、副理、協理、襄理，或主任），這樣目標明確，努力也便有著力點。

又如，筆者秉持著「先成家後立業」的價值觀，堅持家庭先於事業，訂下30歲結婚的目標。堅信「沒有什麼樣的成功，能夠彌補家庭婚姻上的失敗」的人生信念。加上管理學的基本原則，管理就是要將最重要的事情，一直放在最重要的位置上，優先去做。因此，筆者在28歲時雖然遭逢女友離棄，但半年後就開始相親，積極將成家目標的婚姻大事放在最重要的位置上，並積極約會追求。果然，精誠所至，金石爲開，筆者在30歲的那年結婚。那時筆者還是博士班的研究生，沒錢的我則只能到溪頭和東海大學度蜜月，婚禮和婚宴也十分簡單。後來，筆者繼續秉持家庭優先的原則，31歲時愛妻生下大兒子，33歲時生下二兒子，直到34歲時筆者才取得博士學位，獲得加薪並且有能力改善家中的經濟。

二、找到你的目標

若是你找不到自己的目標，你需要回答下面三個問題：「我是誰」、「我要成爲誰」、「爲什麼我會在這裡」，來拆解、發現自己的目標，說明於後：

1. 「我是誰」：透過回答這個問題，澄清自己的身分，加強對自我的認識程度。試著進一步回答下面三個問題，更加認識「我是誰」，自己的生活目標也會逐漸被突顯出來。

(1) 以前在學校或社團中，你最常扮演的角色，以及被分配到的任務是什麼？

(2) 什麼事情是你的好朋友許多次告訴你，你最擅長這件事？

(3) 你做什麼事情的時候，時間會好像是停下來、被凍結了？

2. 「我要成為誰」：透過回答這個問題，界定自己的使命，進一步澄清對自己的生命召喚和人生價值。試著回答下面三個問題，更加認識「你要成為誰」，你的生命召喚和人生價值也會逐漸被突顯出來。

(1) 有什麼事情是你小時候，你最想要做的事（What do you want）？

(2) 什麼事情是你現在不去做它時，你會永遠後悔的事情？

(3) 什麼事情是你最近一次因為對話、書本、電影等啟發，感到興奮的事？

3. 「為什麼我會在這裡」：透過回答這個問題，找回初心，找到回家的方向。這時候要問自己，你為什麼會待在這個地方，來激發自己改變的動力。

(1) 你是不是貪圖眼前的短暫利益？

(2) 你是不是被一時的慾望所迷惑？

(3) 你是不是被無邊的恐懼所壓制？

(4) 你是不是還有什麼特別的原因？

三、訂定 SMART 原則執行目標

　　你可從目標訂定的「SMART原則」開始，再管理你的目標。你需要說得出自己的SMART目標，使你能夠清楚向前邁進。不管是每天、每週的小目標，還是每季、每年的大目標，都需要具體、明確、可以達成、務實，並且加上完成的時間線（deadline）。在這裡，「SMART」不是聰明的意思，而是五個英文單字的開頭字母的縮寫。當你在設定目標時，可以透過這五個單字，來檢視自己的目標是不是能夠實現。說明於後：

1. **具體的**（specific, S）：目標要具體，不要模糊抽象。例如：目標是「三十歲結婚成家」，而不是「盡力打拚成家就好」。只有具體的目標，才容易達成明確的結果。

2. **可量化的**（measurable, M）：目標要能夠用數量表示，不要只是質化的形容詞。例如：目標是「28歲前存到100萬元」，而不是「追求財富自由」。可以量化的目標才能夠被檢驗，到目前為止的完成百分比。

3. **可達成的**（achievable, A）：目標要能夠達成，不要空中樓閣的無法達成。例如：目標是「一個月內完成這份專案」，而不是「一個月內登上火星」。只有可達成的目標，才能夠激勵自己努力來達成。

4. **務實的**（realistic, R）：目標要符合現實條件，不要打高空的不切實際。例如：目標是「一個月內完成這個專案」，而不是「我要找月薪十萬的工作」。只有務實的目標，才能夠在實際上有機會達成。

5. **有期限的**（time-related, T）：目標要結合客觀的時間，不要主觀的認定。例如：目標是「一個月內完成這個專案」，而不是「找時間做完這個專案」。只有有期限的目標，才能夠約束自己努力完成它。

利用管理學之父**彼得杜拉克**（Peter Drucker）所提出的SMART原則來制定目標、管理努力的方向，會讓你在職場與生活上更清楚自己為什麼而忙，以及真的完成什麼事情。

第二節　多元目標

在早餐時光可思想另外一個重點，就是需要守住平衡生活。需要將多元目標納入自己的職場與生活中，在工作、家庭、健康、社會服務方面，設定多元目標，說明於後：

一、平衡的人生

1. 達成平衡的生活

平衡的人生和達成目標有關，平衡的公式是：

「平衡＝達成目標的程度÷兼顧各方的程度。」

追求美滿包括數量和品質兩個層面。因此，美滿的首要層面是數量的目標，先設定目標，再努力達成既定目標，享有成功的喜悅。

除數量目標外，另一個層面是品質的水平，就是生活能夠平衡發展，兼顧各項目標，成就「平衡的人生」。在職場軟實力上，人生要追求的目標應該不限於工作本身，而是需要追求工作成長、婚姻幸福、身體健康、貢獻社會等多元目標，達成平衡的生活。當你想要施展理想和抱負時，會牽涉到許多不同層面，需要在各個層面中實現個人目標。就像是在經濟體系中，包括四個市場，就是財貨市場、貨幣市場、勞動市場、外匯市場。經濟學家需要追求這四個市場的均衡發展。因為這四個市場間，是會連動影響、相互波及的。而且其中一個市場的興衰和榮枯，明顯會影響牽動其他市場的發展，這時就需要「平衡」。義大利經濟學家**帕雷托**（Pareto）提出**帕雷托最適**（Pareto optimum），就是平衡生活的最佳註腳。帕雷托最適狀態是指在經濟效率和收入分配領域中，若是再增加某一方面的生產或消費活動，一定會減少另一方面效用的情形。

2. 目標要平衡發展

在職場軟實力上，職人一生中有許多目標要追求，才能夠擁有幸福、快樂和希望。理由是職人要追求的目標通常不會只有一個，而是同時追求工作成長、家庭（婚姻）幸福、身體健康、貢獻社會等多個目標，來追求豐富、美滿的人生，這就需要「多目標」規劃。

　　職人在不同階段，各個目標的比重不盡相同。在30歲以前的生涯探索階段，工作成長自然占最高的比重。在31至45歲以前的生涯成長階段，工作成長和家庭婚姻兩者應該占相同的比重。在46至60歲以前的生涯維持階段，除工作成長和家庭婚姻幸福目標外，身體健康應該開始重視，占有相當的比重。在61歲以後的生涯撤退階段，身體健康需要占最高的比重。至於貢獻社會在各生涯段中的占比，則需要占有一定的比重。

3. 顧此失彼划不來

　　在職場生活中若只偏向追求某個目標，就會顧此失彼。例如，某甲追求工作上名利雙收，可能因此身體不佳，罹患惡疾，甚至英年早逝。某乙追求富可敵國，可能因此夫妻感情不睦，子女忤逆不孝。這是因為人若賺得全世界，賠上自己的生命，有甚麼益處呢？人還能拿什麼換生命呢？

　　例如，筆者自從碩士班畢業後，先當兩年兵，然後在中華經濟研究院工作三年，隨後考上國立大學博士班。在考上博士班時，已經30歲，筆者決定先結婚成家。因為筆者認為攻讀博士學位會讀幾年，這是沒有人知道的事，況且人生不是只有工作（讀書）而已，而是另外有家庭（感情）方面需要兼顧。猶記得筆者在結婚時，只能到溪頭度蜜月、家中所有的家具都是二手家具，因為筆者那時還只是個窮學生，沒有錢，所以一切只能因陋就簡。然而，筆者的心中卻因為目標能平衡發展，達成平衡的生活而心滿意足，感到幸福。

二、四種生產函數

　　相似於經濟體系中的四個市場，生活中也有四個市場需要兼顧，就是需要在健康市場、家庭市場、工作市場、社會市場中，取得平衡發展，這就是「美滿經濟學」的內容。追求幸福、快樂，和美滿人生，決定於怎樣

在上面四個市場中的平衡發展。這時在各個市場中，例如：健康（生活）市場、愛情（家庭）市場、工作（事業）市場、社會（服務）市場，必然會有個別的生產作業活動，形成所謂的**生產函數**（production function）。也就是：

在健康（生理）方面，有健康生產函數$Q_{heal} = f_{heal}$（L, K, T）；

在愛情（家庭）方面，有愛情生產函數$Q_{love} = f_{love}$（L, K, T）；

在工作（事業）方面，有工作生產函數$Q_{work} = f_{work}$（L, K, T）；

在社會（服務）方面，有社會生產函數$Q_{soci} = f_{soci}$（L, K, T）。

這當中，Q是產出數量，L, K, T分別是勞動、資本、時間的投入。在這個時候，如果你想要得到某項成果（產出），自然需要投入勞動努力、金錢資本和時間支出。這就是四個目標的多目標規劃。

若是你想要獲得某種結果，就需要投入勞動、資本和時間資源，這是生產函數中的基本原則。這時有四個目標，就成為數個目標的多目標規劃決策問題。例如，若是想要擁有愛情，就需要投入勞力、資金和時間，透過**愛情生產函數**（love production function）的運作，用心去經營感情，盡心盡力陪伴對方，使用金錢請客、花費時間約會等。用心生產愛情，便可享有往日甜蜜的戀愛情懷。又如，若是在結婚多年後婚姻觸礁，這多半是未能延續婚前戀愛感受。這時若能夠利用愛情生產函數的原理，用力生產愛情，多花時間約會，相信必定能夠重新找回往日的甜蜜戀情。

基於經濟學中**短期生產力不變**（productivity unchanged in the short run）原則，你的生產效率在短期間之中，不會有明顯的增加。因此，若是增加某一個市場（如工作）的工作數量，必然會排擠到其他市場的可使用時間。例如，你一天的時間只有二十四小時，你若多「生產愛情」，自然在短時間內，需要減少「生產工作」或「生產社會」的時間。若是你執意同時增加愛情生產、增加工作生產、增加社會生產時，自然必須壓縮犧

牲到晚上睡眠的時間，這時自然會減少「生產健康」，結果就是增加疾病找上門的機會，甚至是罹患癌症等重大疾病，危及你的生命安全。

你需要運用目標規劃，妥善管理時間，將工作之餘的時間經營家庭市場、健康市場，和社會市場。用心生產愛情、生產健康、生產社會服務，期能發揮應有的功能。也需要妥善管理上班時間，經營工作市場，創造高生產力，不輕言加班，以確保有時間能有效運作其他三個市場，這是維繫職場軟實力的重要平衡法則。就是達成目標沒有捷徑，只有用心而已。在上帝所賜下的能力和資源下，要怎麼收穫需要先怎麼栽種。當投入足夠的付出、努力，立志作安靜人，辦自己的事，親手做工，自然會有相對應的產出。凡流淚撒種的，必定歡呼收割，職場軟實力的經營就是這樣。

例如，筆者在30歲結婚，那時的筆者是交通大學管理博士班一年級的學生，並任職中華經濟研究院。不久後愛妻懷孕，愛妻為了避免工作和家庭蠟燭兩頭燒，毅然決然辭去她所熱愛的社工工作，一方面在家照顧幼子，二方面協助筆者攻讀博士學位（幫助筆者蒐集資料、整理讀書報告、課堂報告前討論等），同時料理家務、陪伴家人，真是一兼二顧。筆者和愛妻同心使用生產函數，生產家庭和生產工作，發揮事半功倍的成效。雖然那時家中經濟情況很困窘，縮衣節食勉強度日，然而，愛妻不以為苦。結婚三年內兩個小孩相繼出生，竟然也還有奶粉錢，雖然有時必須多加水、少喝點牛奶。而筆者在五年後獲得博士學位時，已經是兩個孩子的父親了。筆者特別感謝自己的博士文憑，有一半是愛妻的心血，它是筆者和愛妻共同打拼的美好果實。現在筆者每次回想起來，仍是無比甜蜜。

筆者發現，相較於學校其他同年齡教授，他們的孩子都還在讀高中或國中，而筆者的兩個孩子都早已大學畢業。這必須要感謝上帝所賜賢慧的愛妻，包括愛妻的睿智和幫助，愛妻願意先懷孕生小孩，以及勇敢辭職的智慧決定。

　　後來，筆者一路由到銘傳大學任教、升等正教授、轉換到國立東華大學任教、轉換到國立臺北大學任教。筆者除了努力從事學術研究，發表學術論文外，和愛妻經常到臺大校園散步，為工作向上帝迫切祈禱。筆者在盡完人事後，便將結果交給上帝，並懇求上帝施恩，結果上帝大大賜福筆者，使筆者如今可以在國立臺北大學任教，家庭美滿幸福，兒子成家立業，成就上帝奇妙作為。

　　現在，筆者目前61歲，結婚三十二年，筆者和愛妻夫妻恩愛、伉儷情深，舉案齊眉，心中充滿無盡的喜樂；兩人育有的兩個孩子十分孝順，現在都已完成大學學業，使筆者非常放心。大兒子更已經結婚成家；筆者是大學教授，樂在作育英才；愛妻是行政秘書，透過社會大學造福鄉里，雙方都可以貢獻社會；筆者和愛妻家中經濟小康，有餘力照顧年邁母親，夫妻身體健康，保持運動習慣。筆者享受的正是多元目標下的平衡人生。

第三節　需求滿足

一、人類需求五層級

　　馬斯洛（Maslow）提出**人類需求層級理論**（human need hierarchy theory），說明人類需求的層級化現象，指出每一個人的需求傾向。這當中包括五種需要，說明於後：

1. **生理需要**（physiological needs）：生理需要是一個人的存活需要。包括飢餓時需要吃飯、口渴時需要喝水、寒冷時需要穿衣服、疲勞時需要休息和睡眠、生病時需要看醫生、性慾需要滿足，還有其他身體和生理上的需要。

2. **安全需要**（safety needs）：安全需要就是一個人的身心平安需要。安全需要主要是保護身體避免遇到受傷、危險的情況。例如：保全設施、

防盜防搶機制、治安防護、人身安全防衛、工作安全、交通安全、性
騷擾防護、工場環境安全等。特別是現代社會，安全需要更是指身心
平靜的心理安全，是內心不致於落入憂慮、鬱悶、煩惱的狀況，產生
心悸、失眠、神經質的症狀。因此，內心的安寧、寧靜、平安是安全
需求的明顯指標。

3. **愛與歸屬需要**（love and belongings needs）：愛與歸屬需要就是一個人
的關愛需要，又名社交需要。包括個人感情發抒、愛情歸屬、被他人
接納、親情照拂、友誼關照等人際關係需要。例如：親密夫妻關係、
敬愛父母關係、家人情誼關係、親友聯繫關係、同學友誼關係，和親
疏同事關係等。

4. **自我尊榮需要**（self-respect needs）：自我尊榮需要就是一個人對外發
揮影響力的需要，又名**尊嚴需要**（esteem needs）。例如：獲得工作上
升遷和獎勵、獲得好成績、好名聲。尊嚴需要包括內在尊嚴和外在尊
嚴需要兩種。

(1) 外在的尊嚴需要，就是地位、權力、身分、被他人認同，和受到他
人的重視等。例如，一個人工作上的地位、是否受到上司賞識、是
否自我認同等。

(2) 內在的尊嚴需要，就是自尊心、自主權和成就感等，這關係到一個
人的自尊心和成就感。內在的尊嚴需要是指自己尊敬自己的內在尊
嚴，例如，一個人需要尊敬自己的工作內容、尊敬自己的工作關
係、尊敬自己的工作職稱、尊敬自己的工作薪資。而不論工作內容
是清潔打掃，工作關係是和資源回收人互動，工作職稱是工讀生小
妹，工作薪資僅達最低法定工資，都能處之泰然甘之如飴。這樣一
來自我尊榮的需求就能夠獲得滿足，個人的內心滿意和平安喜樂自
然就能夠油然而生。

5. **自我實現需要**（self-actualization needs）：自我實現需要就是一個人對外突破自我成績的需要。是一個人的自我成長，突破個人紀錄，就是所謂的「超越自我」的需要，這和成就感和工作自身高度相關。例如：考績獲得第一名、業績破紀錄、感受工作的新體驗、突破自我的限制，和創新追求等。

二、需求滿足的順序

　　馬斯洛的人類需求「層級」理論的重點，是「層級」因子，它是從低到高的排列出這五種需要層次。理論要點是人類低層級的需要，需要先被滿足，然後才滿足高層級的需要。例如，你的生理需要必須要先被滿足，然後才滿足安全需要，再滿足愛與歸屬需要，最後才是滿足自我尊榮和自我實現需要。這就是「倉廩實後知禮節，衣食足後知榮辱」的道理。想一想，假使一個人已經三餐不繼，而且衣不蔽體，那怎樣能夠兼顧禮義廉恥和四維八德的高層級需求。

　　換言之，先顧及自己的生存和存活需要，例如，找到工作賺取薪資溫飽活下去；然後才可能希望擁有工作安全和安心睡眠；然後是滿足下班後的感情需要和美滿家庭，然後才是追求工作上的成就表現和自我突破。若是反其道而行，你一定會自食苦果。

　　例如，許多科技新貴拼命工作賺錢，標榜同時接數個專案表示高工作能力，甚至每天只有睡覺兩或三個小時。持續下來，就算有高薪收入和高額獎金，但是因為長期疲累缺乏休息，身體吃不消可能染上惡疾，甚至罹患癌症末期的絕症，痛失寶貴性命，這時候悔已經來不及。正如：「人若賺得全世界，賠上自己的生命，這有什麼益處呢？人還能拿什麼來換生命呢？」在這個情況下，他的人類需求層級已經缺少生理需要和安全需要，成為倒三角形，頭重腳輕，無法站立穩固，一定會造成傾倒的後果，需要

警惕。

　　或者，有人即使努力工作賺錢，想要賺得全世界，長久下來自然會疏於照顧配偶和家人。或許這時他已經工作升遷，甚至名利雙收、富貴滿門。但是因為工作忙碌疏於經營感情，當事人或配偶在感情世界空虛下，容易爆發婚外情、情感外遇，或紅杏出牆，甚至介入他人家庭。在這種情形下，他的人類需求層級已經缺少愛與歸屬的需要，呈現沙漏的形狀，兩頭重而中間頸部纖細。在頸部纖細無法支撐頭部重量的情況下，需要另外找尋支撐物。於是外遇、援交，自然成為替代的支撐工具。此外，由於事業忙碌，結果疏於陪伴照料子女，子女在缺少愛與歸屬需要的情況下，造成叛逆不馴、孤僻不群個性，甚至違法亂紀、鋃鐺入獄，羞辱父母，成為父母親心中的痛。

　　其實，馬斯洛需求層級理論和**奧迪福**（Clayton Alderfer）提出的**ERG需求理論**（ERG-needs theory）是互相呼應，異曲同工的。馬斯洛的生理需要和安全需要即就是奧迪福的**存在需要**（existence, E），是維繫一個人生存的基本需要；社交需要就是奧迪福的**關係需要**（relatedness, R），關係需要是維繫重要人際關係的內心渴望；尊嚴需要和自我實現需要就等於奧迪福的**成長需要**（growth, G），成長需要是一個人尋求自我發展和突破自我的渴望。

　　馬斯洛人類需求層級法則，基本上並不會受到不同國家文化或地理區域的差異而不同，故在教科書中常被稱為羅盤原則（compass principle），是一種放諸四海而皆準的自然法則（natural rule）。職人需要倚靠信念，堅拒世界的流行時尚，遵守羅盤原則，就會獲得這個智慧所帶來的平安、喜樂、幸福，和美滿結果。因為時尚價值或許會一時操縱人的行動，但是，羅盤法則卻會帶往長期的結果。職人若能遵守羅盤法則，就有如船隻行水順流而下，必定造成船隻平穩航行的結果。

最後，在馬斯洛的人類需求層級理論中，生理需要也可以看做是「永生」，就是永恆的生命；安全需要也可以看做是「平安」，就是內心心靈中的平靜；愛與歸屬需要可以看做是「大愛」，就是情感上的愛心。於是，每一個人的三個基本需要，就成為：「永生」、「平安」和「大愛」。在職場軟實力上，一個人若是能先滿足這三項需要，再去追求其他需要的滿足，就好像是將城堡蓋在岩石上、將房屋蓋在磐石中，是經得起風吹雨打。城堡和房屋必然會堅立不搖。

第三章　上班途中

第一節　事出突然

> 有一種事情叫做突然發生，也可以叫做意外，
>
> 就像是走在馬路中，突然下起大雨了，
>
> 有兩隻大狼狗追著你跑，一直對你大聲吼叫，
>
> 你在站牌等公車，等了半小時公車還不來，
>
> 有輛公車從你旁邊衝過去，濺溼你的褲管，
>
> 快到辦公室門口，有位冒失的陌生人，衝過來把你撞倒，
>
> 這時候的你，你會怎麼做呢？

一、當有些事情不對勁

　　你的一生，是由許多的「今年」組成。你的「今年」，是由365個「今天」組成。你的「今天」，是由24個「這個小時」所發生的事件組成。更確切的說，你的一生是由無數個「事件」來串接組成。而各個事件的鋪陳連結，就構成生活的萬花筒歲月。

　　今天上班時若是出現使你快樂、高興的事件，自然會使你對今天，甚至未來充滿希望；但當今天上班途中發生使你不開心、不舒服的事件時，特別是出門前和最親近的家人、配偶爭吵時，你要帶著什麼力氣去上班呢？

　　例如，筆者在碰到一些生活上事情不如意的時候，例如：塞車、咖啡倒了、水濺身上、遲到；或是助理沒有照筆者的意思或時間內辦好筆者

所交辦的事情時；或是有不速之客突然插進來，打亂筆者的行程步調時。以前筆者會很不高興，不給對方好的臉色。現在筆者則是學習先和自己對話：

「這一件事情不過是一件小事情，我何必為它生氣和抓狂！」

「這些都是小事，也沒有什麼大不了的！」

這樣的自我對話，使筆者的壓力於是大幅減輕，每天哼起小調歌唱的次數自然就增多了。

二、衰事件的陽光解讀

解讀事件關鍵是，你怎樣看待、解釋四周的這些事件的意義，就是所謂的「解讀」。通常事件本身和解讀不一定相同。對於周圍的「客觀事件」，你會進行「主觀解讀」。事實上，你今天是否快樂，是否對於未來有信心，在於你是否懂得用合理和客觀的角度，來看待你四周所發生的各種事件，特別是起床到上班中間的特定事件。一早與家人爭吵，可能就是從錯誤的解讀開始的。例如，早上刷牙洗臉時為牙膏用完沒有補充而爭吵、上廁所時為有人沒有沖馬桶或補充衛生紙而爭吵。

「當你看見一處公園的時候，你可以選擇看燦爛花朵，也可以選擇看著路邊雜草。」這是你的自由選擇！當你只是集中心力在灰暗、不開心的事件時，你的心情自然不會快樂；但是，當你專注在光明、美好的事物時，你的心情自然是快樂喜悅。你需要多看見事件美好的一面，少看見事件黑暗的一面。

當然，在職場上若是你能夠從個別事件中，做出正確、合宜的解讀。自然可以就事論事，避免過度掉入負面情緒的泥淖；同時也不會前後牽連，墜入事件連環爆的迷霧中，以致於分不清楚是非黑白；更不會以偏概全地傷及無辜，或以全概偏的流於武斷。說明於後：

1. 每一個人對於某一個特定事件的解讀通常是不一樣的

每一個人對於某一個特定事件的解讀,通常是不一樣的。因為上帝所創造的每一個人都是獨特的,每個人的人生經驗和心情感受都不相同,對於特定事件的歸因、看法,和解釋,都不盡相同。

例如,筆者的朋友俊傑和怡君同樣面對公職考試落榜,俊傑解讀成自己在考試當天沒有睡好,因此導致失常,於是再接再勵,準備重考。至於怡君則解讀成自己考運不佳,沒有當公務員的命,不適合參加這類的考試,於是宣告放棄。

2. 各個事件之間是不相干而且是獨立的

要知道,上帝所允許發生的每一件事情都是獨立的。這是因為各個事件都是許多人做出決定後的產物,它們彼此之間是不相干的。這時,你要怎樣看待各個個別事件,不要相互牽連。不會將某一事件和另一事件相互串聯在一起,這是一種重要的生命智慧。你需要分清楚什麼是客觀事實,什麼又是個人的主觀解讀。

例如,怡君今天在工作時被老闆罵了一頓,說業績太差;搭公車回家時被司機兇了一頓,說下車為什麼沒有事先拉鈴;回家後被先生罵了一頓,說孩子哭鬧不吃完飯。基本上,這三件事情是完全風馬牛不相及的。怡君不可以牽強附會,胡亂聯想當中的因果關聯。

例如:今天是下雨天,筆者在上班途中被公車濺溼了褲子;到辦公室剛走出電梯就被學生撞翻了書本,學生不但沒有道歉還匆匆忙忙趕去上課;中午吃飯時,餐廳掌櫃少找了筆者十塊錢;回家時,筆者在公車上要打電話給愛妻時,才發現手機沒有電。下班到家時,又一下子找不到鑰匙以致折騰了許久才進家門。這五件事情雖然都使筆者不舒服。但筆者學習到其實這五件事情是獨立的,不可以牽連附會,認定筆者今天活該倒楣,

甚至斷定筆者今天的命宮犯煞，所以壞事連連，甚至需要作法事消災解
厄，這些事件是沒有關聯的。

3. 以偏概全或以全概偏都是不對的

　　你怎樣看待「發生在自己身上的某件特定事件時。例如，生病請假在
家，這段期間公司卻沒有人主動關心」？生病在家是客觀事實，沒有人關
心也是實情。但是若依此判定這個世界冷漠無情，或是自己做人失敗，這
絕對是主觀解讀，不一定是真實的。

　　當你把某個事件的結果擴大解釋，或把某些人物命名，再以偏概全來
稱呼某個人，這就是渲染擴大，這是**桑代克**（Thorndike）所提出的「**月
暈效果**（halo effect）」。例如，某甲生病在家無人慰問的事件，某甲可
能會以偏概全的認為全世界的人都是冷血無情。若是這樣，某甲便犯了月
暈效果的錯誤。

　　另外，當你因為對於某一個人的既有印象，認定這個人會死板僵化，
以全部來推論個別，來處理某一件事。這就是**桑代克**（Thorndike）提出
的「**刻板印象**（stereotype）」。例如，若是某乙的上司是一位黑人，他
解雇某乙，某乙認定他是被主管用暴力強行解僱。某乙認為黑人素來傲
慢，性情粗暴，於是這時候某乙便落入「以全概偏」的陷阱中。

　　又如，筆者被同學撞翻書本，學生沒有道歉還匆匆忙忙趕去上課，於
是筆者因此就認定所有大學生都沒有禮貌，甚至是所有大學生都不尊師重
道，那麼筆者也已經落入以偏概全的窠臼中。

4. 你需要停下來重新解讀

　　事實上，每一件發生在你身上的「不好事件」，都可以重新被解讀成
「美好的事情」，這是一段尋找寶貝的過程。你需要在上帝的大愛中，練

習、尋找，並發現每一件事件背後的「寶貝」。然後將它定格、放大，再貼進你的鏡頭中。

　　任何的事情都有正面和反面，這就像你看見有一杯水被別人打翻，剩下半杯水。這當然不是一件好事。這時候，你當然可以說：「糟糕！只剩下半杯水。」然後擺著一張苦瓜臉；相反地，你也可以轉念說：「感恩喔！還有半杯水。」然後換成一個大笑臉。你可以自己作主來解讀。再者，你個人的主觀解讀，經常會有後續的連帶行動，和伴隨的情緒渲染。這時你怎樣解讀某一個事件便很重要，會影響你一天的生活。

　　繼續上例，你若認為公司的同事不關心你生病，結果你不再和公司同事講話，甚至怪罪他們，生他們的氣。但事實真相是：每一個人對於同樣一件事情的感受反應，可能是不相同的；或許你認為生病是一件大事，但是別人很可能認為這是一件小事，無需大驚小怪。

　　另外，解讀帶出後續的回應結果。同上例，事實上你公司的同事可能私底下為你擔心，或是為你禱告上帝，只是你並不知道。因此，你在進行主觀解讀的同時，需要詳細驗證，需要請問相關人士，確認事實的真相。若是沒有經過驗證就亂下斷言，很容易產生誤會，甚至誤判誤事。

　　例如，筆者經常在某些不經意的時候，心思意念會突然間飄向莫名的遠方，突然間悲從中來，開始胡思亂想，牽引連動心中的苦情。思想自己以前有些決定一定是做得不夠完善，才會造成必須離開已經從事志工服務十二年的地方，連帶失去一些好朋友，失去財務投資上的上好機會，同時身體也好像變差。就在這個時候，筆者的智慧愛妻，看到筆者的眼神閃爍不定，很不對勁，便會對筆者說：「停，停，停，停止胡思亂想，要抬頭挺胸向前看，不要頭低低的看地上。」

　　「要活在當下，Now and Here，去體會你現在擁有什麼。」愛妻繼續說道。筆者便會回到現實，看到現在的自己，親切挽著愛妻愛妻，散步在

臺大校園裡。明月當空，清風拂面。加上椰林大道的雄壯氣勢，滿園的杜鵑花開的芳香撲鼻，此情景令筆者心曠神怡，感受到人間至福。

「來，現在開始去想你擁有什麼，」愛妻再一次說，「我擁有美麗溫柔又賢慧的愛妻，兩個讀臺大和政大的男孩子，父母雙親又都健康長壽，我擔任國立大學教授，又擔任行政主管職位，身體健康，每天準時睡覺，躺臥床鋪睡得香甜，又住在大學附近的大樓裡，我擁有上帝和祂最美的祝福。」筆者說。

經過這樣的反思，筆者的心情好轉起來了，抬頭挺胸，昂首齊步的邁開大步走著，面帶開心滿足的笑容，緩緩的說道：

「我真的好棒，太厲害了，我真的、真的、真的很不錯，我真是一位成功人士，我實在是太優秀，太棒了！」

透過這樣的重新解讀，筆者的心思意念不再悲觀和憂愁，反倒是停留在喜樂與滿足的主旋律上，這就是澄清事件與重新解讀的美好結果。

第二節　正確解讀

當更多的痛苦，甚至是挫敗的事件臨到，情況似乎完全失控。例如，生活開銷太大、家人關係緊張、健康亮起紅燈，甚至突然失業、沒錢繳房租、配偶生病等，這時候你要怎樣面對？這時候有什麼力量支撐你走下去呢？面對生活中的不好事件，除了澄清事件內容與重新解讀外，你更需要正確的解讀。這個時候，你需要確信個別事件的發展情形，和你個人的價值高低沒有關係。這樣做你就可以從事件的漩渦中釋放出來，特別是在諸事不順時，更需要做正確解讀。

一、事情不順不代表沒有價值

首先需要記住，事情不順並不代表你沒有價值。在這個時候，你若是

能夠用更高的角度來檢視個別的事件，甚至是用長期的眼光來評斷個別的事件，必然可以降低你個人失落和失望的感受，並重拾希望的燈火。你更可以為個別事件立定界限，澄清其責任歸屬。說明於後：

1. 事件和價值沒有關聯

在對某一個客觀事件做解讀時，有些人會將事件發展的結局好壞，和自己的生命價值劃上等號。也就是說，若是結果不理想，例如：失業、失戀、股票跌停板、升遷落空、公職考試落榜，或是求職面試未獲錄取時。便斷定自己沒有用，自己無能。因此產生低自尊，甚至發生自殺或自殘等激烈行動。這個時候，你需要認清一件事實，就是「一個事件或事情的成功與否，和你自己的價值是沒有關聯的」。請不要落入**亞當斯**提出的（Adams）誤用**社會判斷**（social judgement）的陷阱。因為這就像是人吃下分別善惡樹上的果子，吃的日子必定死，落入自我判斷的深淵。

例如，筆者被女朋友拒絕，這並不等於筆者這個人沒有價值；怡君找工作沒有被錄取，也和怡君的個人價值毫無關聯；筆者公職考試未能金榜提名，和筆者這個人有沒有價值無關；怡君這個月的銷售業績未達標，和怡君這個人有沒有用不相關聯。這就有如將兩件風馬牛不相干的事情，硬要湊在一塊般的不合情理，這是無法正確解讀的關鍵。

例如：筆者向來害羞內向，在28歲時和交往五年多的女朋友分手，後來女方甚至在不久後就結婚了。筆者深受打擊後整天胡思亂想，怪罪自己，垂頭喪氣，鬱鬱寡歡，甚至動念輕生。幸好筆者後來相信上帝，蒙上帝保守，在教會朋友的幫助下，勇敢面對，先認定這段失戀和筆者的個人價值無關，並不是筆者不好，沒有用，只是筆者和女朋友她不合適而已。同時正面去哀悼、接受這段已經消逝的戀情，認定它無法挽回。半年後，筆者重新接受相親安排，重新戀愛。一年後筆者結婚了。現在，筆者成天

眉開眼笑，三十多年的婚姻生活充滿幸福。

2. 諸事不順利時不要貶低自我價值

當然，在遭遇一連串不如意的事情時，你心裡自然會很難過。這時候需要照顧的是你自己的那一份難過、受挫的心情感受。你只要單純的停留在情緒感受就已經足夠，而不要去論斷、否定自己的個人價值。這是由於事件的發展順逆，雖和你的能力高低有關，但是卻和你的生命價值無關。因為人生不如意者，十常有八九，事情通常不一定會照著你想要的方向來發展。例如，突然出現一筆訂單生意，突然冒出另外一個工作機會，突然出現一個競爭對手，突然出現另外一個追求者，或突然空降一位主任而不是從內部升遷，這些都是意想不到的事件。

況且，事件的發展方向並非你能夠掌控。因為外界環境的運作力道實在太龐大、太複雜，也太混亂，未必存在有一定運作方式可以依循。例如，工作能否平安順利，主管是否賞識提拔，同事是否和好相處，配偶是否感情專一等。這些牽涉到許多你自己無法決定的因素，你只能夠盡人事而聽天命。透過禱告，將事件交給上帝掌管。因為「謀事在人，成事在天」。

例如：筆者在28歲時，被交往五年多的女朋友甩掉、擔任約聘工作前途茫茫、想要換工作卻被老師勸阻、投考歐洲公費留學攻讀博士未獲錄取（筆者在投考學門類科分數最高，但是錄取從缺）、家中紛擾（大哥被父親趕出家門）等諸事不順，這使得筆者覺得自己很沒有用，甚至萌生輕生念頭。現在筆者回想起來，當時實在是無知。事實上這些事情的發生，就算是接連發生，都和筆者的個人價值完全沒有關係。

首先，女友另有追求者（同事），甚至另有歸宿，那是她的事情，這是她個人的選擇，並不是筆者不好，這是女友她的人生價值。

　　再來，約聘工作是公司的人事運作，很明顯和筆者的個人價值無干。筆者不可以把這兩件事情混在一起。

　　三者，老師勸阻筆者轉換工作，那時筆者的老師可以選擇勸阻或不勸阻，筆者也可以選擇聽或不聽，這基本上是筆者個人決策的問題，而不是筆者個人好不好的問題。也就是事件與個人價值無關。

　　四者，公費留學結果公布從缺未獲錄取，這更是政府部門經費調度運用的選擇，可能是某些學門和其他學門互相比較權衡，某些學門被替代掉了，這是政府部門開會後的決議，和筆者的個人價值認定無關。

　　最後，筆者大哥和父親的衝撞，這是他們兩個人之間的事，絕不是筆者乖不乖、好不好所能改變的，故不是筆者的個人價值問題。因此，在重新澄清事件背後的問題後，一切便霍然開朗。

3. 要用更高的觀點來看事件的價值

　　你需要用更高的觀點來檢視事件的價值，這是**衝突管理**（conflict management）中「訴諸更高目標」原則的應用。你的個人價值，可以從上帝的眼光來決定，而不是交給世界上某個人或某件事來決定。因為上帝就是愛，上帝必照祂榮耀的豐富，使你一切所需用的都充足。用更高的觀點來看事件，是正確解讀的重要條件。例如，筆者的前女朋友發生感情出軌事件，筆者需要有這樣的自我認知，這段感情並非由筆者失去，也非被筆者所搞砸，實在是對方另外有其他的原因造成。

　　因此，你的個人價值，不要交給別人來決定。當你努力做完某一件事情（例如：完成專案報告、談成一件買賣、用心交友相親），或許旁人並不欣賞你，或許結果不理想。你只要盡心盡力，自認問心無愧，就已經完成任務。你需要認同自己有這一份不能奪去的價值，並堅定接受結果。就像是面對上司交辦的某個專案，只要你自認為已經盡力完成，並且勇於負

責，即使最後結果卻不理想，你也不要自責不要獨自承擔重擔，而是要將這事件交給上帝。

例如：筆者在獲得博士學位後，在中華經濟研究院工作兩年半，完成先前在中華帶職帶薪進修博士學位的承諾。工作兩年半後，筆者興起想要去大學教書的念頭，透過學校的指導教授，幫助筆者推薦獲得某知名大學的教職。但這時，筆者在研究院的主管卻兩度阻止筆者離職，他認為，離職是合理且合法，然卻不合情。主管對筆者說：「請為當初愛護你、留任你的長官多待一年，因為長官他今年已經65歲，再一年就屆齡退休，你忍心讓他內心淌血來批可你的離職書嗎。」這時，筆者面臨一項抉擇，天人交戰，到底要留在研究院，還是去大學教書。筆者想起聖經中說：「要順從肉身的主人（工作主管），好像順服上帝一般。」

在經過天人交戰的掙扎後，筆者決定順服主管，好像順服上帝一樣，筆者放下他的夢想，不去元智大學，等待上帝的時間。奇妙的，過一個月後，一位美國史丹福大學的余序江教授來訪，筆者的主管便安排余教授擔任筆者論文發表的評論人，在筆者發表完論文後，筆者的主管向余教授探詢筆者在史丹福工作的可能性。余教授笑著說，他正好有個研究計畫想要尋找亞洲地區的博士級研究人員，熟悉亞洲地區事務的人來辦理此事。後來筆者便有機會到美國史丹福大學做博士後研究。那一年，因著史丹福余教授提供的那份薪水，和中經院的留職留薪，筆者一家四口得以一起赴美，間接使筆者的愛妻和兩個小孩有機會體驗美國語言和文化。

由於這件事，筆者學習到要用更高的觀點來檢視某一特定事件的價值。也就是先前筆者答應留在中經院工作，沒有轉到元智大學任教。這從世人看，看似「關上一扇門」；但是若從更高的角度看，卻是「開了另外一扇窗」。這使筆者有機會擴展視野，有機會得到美國史丹福余教授的個別指導，這大大提升筆者日後從事學術研究和論文寫作的能力。而這一

切，更是上帝的巧妙安排，祂站在更高的位置來安排筆者的人生，上帝的作法實在超乎想像，筆者只能單純的感謝上帝。

二、失意時要有詩意

1. 要重新思考在長期時間下的事件價值

你需要安靜的想一想，在你身邊發生的某件事件，在10年後、10個月後、10天後的影響程度，劃分清楚這個事件對你人生目標的重要性高低。例如，這一次銷售不佳，要想十天後有什麼影響；這一次競標失敗，要想十個月後有什麼影響；這一次策略聯盟不成，要想十年後有什麼影響。

在長時間的歷史觀點下，自然會沖淡某一個特定事件對你的影響力道。你需要依照「10、10、10」的原則，來面對某個特定事件，適當界定事情的價值。

例如：筆者在二十八歲那年，交往五年多的女朋友離我而去，另結新歡，當時的筆者覺得心如刀割，痛不欲生。但筆者若是能夠轉念，想想這一個劈腿事件在十個月後，甚至是十年後對筆者的影響，可能只是雲淡風輕，無足輕重，筆者便能因此重獲新生。同樣的，筆者面對公費留學未獲錄取的事實，也需要學習用長期間的眼光來看淡它，認定在十年之後，這也算不得什麼，這樣筆者便可以坦然放下，而不會一直鑽牛角尖，困在裡面而走不出來。

2. 你已經做出最好的決定

事實上，對於過去所發生的每一件事情，你都要對自己說：「事實上，我已經在當時的情形下，考慮各種狀況後，做出最好的決定。」這就是每一個事件對你自己的公平價值，就讓事件自己來說話。例如，面試失

敗，就要對自己說：「我已經盡力。」公職考試落榜，就要對自己說：「我已經努力過了。」操作基金失利，就要對自己說：「我已經做出最好的決定。」失戀了，就要對自己說：「我已經盡我最大力量。」請不要追悔過去，而是要放下過去。忘記背後，努力現在，向著明天的標竿繼續奔跑。

　　例如：從美國史丹福回國後，再過四年，筆者終究還是離開中華經濟研究院，轉到銘傳大學任教。面對這個轉變，有時候筆者就會後悔，認為當時沒有選擇去元智大學，現在只能選擇去銘傳大學。筆者記得那時教會的輔導對我說：「不要向後看，要向前看。事實上就換工作這樣一件事情，你在當時已經做了最好的決定。而且上帝也祝福你這個決定，不是嗎！」更重要的是，筆者對於明天懷抱希望，現在的筆者如願轉到國立臺北大學任教，而筆者相信這一切都是因為上帝掌管明天。

第三節　樂觀以對

　　最重要的是，要樂觀。再說一次，你要樂觀。正面的看事情，看它的光明面，這樣一來，你才能懷抱希望，勇敢在職場上面對工作上的變與不變。

一、懷抱希望上班去

　　懷抱希望需要上班去開始練習樂觀，甩開負面思想。樂觀的兩大支柱是，第一要對美好事情能夠做出長久性和全面性的解讀，這時需要找出美好事情值得長久性和全面性的原因。第二要對不好事情能夠做出一時性和局部性的解讀，這時就需要找出不好事情在一時性和局部性的解釋，也就是要從你的認知入手。讓你在職場上，是滿心快樂，懷抱希望來工作。

1. 從認知著手

相信自己可以改變自己，請有效運用自己的意志力量。加上倚靠上帝，建立起改變自己思想的新習慣。你要對抗自己習慣性的舊思想，使自己覺得更好。你要選擇持續改變自己，成為一位樂觀者。這就是**貝克**（Becker）和**艾利斯**（Ellis）提出的**認知治療法**（cognitive therapy）。

根據**貝克**所提出的「**標籤理論**（labeling theory）」，並由**布萊特懷特**（Braithwaite）發揚光大。**標籤理論**指出一個人若是認為改變是不可能的，他就不會改變。就像是自己給自己貼上標籤，固定住了一樣；他若是認為改變是有可能的，他就會試圖去改變。因此，一個人若是能夠選擇改進自己，採取行動，便有可能實現自我並開創前途，這就是自我更新。

重要的是，你要先學會在失敗的時候，對自己說一些打氣的話，不要對自己說喪氣的話，千萬不要說出傷害自己的話，而要說一些中肯、鼓勵的話語；也要學會當自己做得很好時，對自己說一些鼓勵的話，不要對自己說洩氣的話。總而言之，你要學會怎樣對自己有個樂觀的對話，說一些正面肯定的話語，說一些肯定的話，長久性和全面性解釋的話。而不是盡說一些洩氣的話，一時性和局部性解釋的話。因為一句話說得合宜，就像是金蘋果落在銀網子裡。

例如，筆者已經學會要使自己樂觀。在工作上寫作投稿上，當投稿被退稿的時候，筆者就對自己說：「沒有關係，可能是這次的寫作方向，剛好不對主編的口味，下次我調整一下就是了。」而不是對自己說：「我就是沒有用，我是個大笨蛋。」

筆者也學會當自己在工作上寫作投稿做得很好的時候，筆者就對自己說：「我很棒，我會越寫越好，我是很有才華的。」而不是對自己說：「這次只是運氣好，下次就沒有這種運氣了。」

2. 從認知著手是基本動作

從認知上入手來練習樂觀，**艾利斯**（Albert Ellis）指出，有五個基本動作可以採用，說明於後：

(1) 辨識：辨識是檢查你心中的想法，認出在你心情低落時，特別是當你在工作上遇到問題時，自然在你心中那個浮現的念頭。例如，在工作挫折時，發現你的腦海裡不由自主的浮現出：「我沒用，這一切都完了，沒有救了」的念頭。

(2) 對話：學會開始和這些意念對話。例如，試著對自己說：「真的是這樣的嗎，不會吧！應該還有別的辦法吧！」的一些對立、相反的話語。

(3) 歸因：學會重新歸因，來對抗原來的念頭，就是挑戰這些念頭的正確性。例如，繼續對自己說：「剛才我以為的『我沒用，這一切都完了，沒有救了』的想法，明顯不對，因為事實上我還有另外三個解決方案。」

(4) 換位：學會將自己從負面情緒的想法中拉開，進行換位思考。例如，這時你可以換另一個角度，就是從別人的觀點立場，來看這樣一件事情。就是學習轉換場景，從另外一個事件來看，甚至是練習從上帝的角度來看。例如，對自己說：「等一等，若是從對方的角度來看，那麼情況就不是這樣的了。」

(5) 質問：學會認識並且質問那些會使你出現負面情緒的想法。然後，堅定的向這個想法說：「不」，並且說出：「我很有用，太棒了，這一切都充滿希望的」的肯定話語。

若是你能夠做好上面的基本動作，那你就可以進行下面的實際操作。

二、別做自己的囚犯

基本上，『練習』樂觀是學習在失敗挫折時，特別是工作和人際關係上的挫敗時，怎樣對自己說話的工夫。因爲人心憂慮，屈而不伸；一句良言，使心歡樂。練習樂觀不是和眞實脫節，也不是學習自私自利，只會把責任怪罪別人或是推給四周的人，使別人無法忍受。而是要你學習有彈性的樂觀，這樣便能夠增加在面對不利的環境時，內心擁有足夠的自我控制能力。換句話說，你要學習：「只要活著，就有希望。」練習樂觀有三個實際動作，說明於後：

1. 蒐集新證據

首先是蒐集新證據，試著分辨並發現在你心中浮現的災難性想法，並向它發出挑戰。例如：向其他人詢問、上網搜尋關鍵字、直接到相關機構洽詢等，做好蒐集新證據的動作。

2. 用樂觀的態度

再來是使用樂觀的態度，在上帝所賜下的信心中，勇敢的面對它。請試著依照下面的三個步驟來做：

(1)一次只處理一個問題：一次只處理一個問題，會幫助你聚焦到對的方向。學會聚焦在行爲的本身，而不是人的價值。要問：「什麼樣的行爲可以解釋這個情況？」或「什麼樣的方法可以解決這個問題？」而不是直接判斷這個人好不好。例如：「他是一個爛人」、「他背叛我」、「他表裡不一，他是僞君子」。

(2)拒絕自己操控情境：拒絕自己操控情境就是不要自導自演做負面推理，要用力抵擋這些負面想法的浮現。例如，要直接拒絕：「我已經完蛋了」、「這一切都玩完了」、「我眞是該死」等負面想法。

(3)只負責自己該負的責任：只負責自己該負的責任就是設定責任界線，只在界線內負責。這樣可以放下不該承擔的重擔，然後就有多出的心力尋找好東西。例如，感謝周遭他人，將功勞歸給周遭他人；寫感恩日記，努力強化正向情緒，這些都是常用的「**熱椅子（hot chair）**」做法。熱椅子就是帶領者和成員一來一往的相互交流，至於其他成員則在旁邊觀看。

3. 用真正的角度來看

第三是用真正的角度來看，反駁心中浮現的「災難性思想」。也就是拒絕壞事連環爆炸，惡性循環的自編自導自演情節，去思想最好的情形、最壞的情形、最可能的情形。這樣便能夠正面看待生活中的特定事件，特別是工作或家庭生活中的地雷。例如，若是妻子發現有可疑的簡訊和帳單，要用真正的角度來看，最好的情形是丈夫勇敢的幫助別人；最壞的情形是丈夫對妻子不忠；最可能的情形是丈夫剛好因公出差並忘記報公帳。這樣就可以找出真正的事實，然後繼續發展一個個案來處理最可能的情形。

例如，筆者過去在銘傳大學任教的時候，心中偶然會飄來「你跳不出去銘傳大學，你沒法子辦到的」的一種負面無助的思想。這使筆者這樣想：「我已經是正教授了，轉換學校是不可能的」、「沒有學校會願意找個大教授（大佛）來壓自己的」、「在教評會投票時，要通過三分之二的門檻是不可能的」，這些都是筆者自導自演的負面災難性思想。

後來，上帝引導筆者對於這個想法說：「不，不是這樣的」，並且勇敢的拒絕它。筆者接著問自己：「我應該怎樣做」，而不是問自己：「我（筆者）好不好」；筆者反而要這樣想：「最壞的情況不過是被拒絕，或是被降級為副教授」，並且用一顆積極樂觀的心，直接向上帝禱告。

後來，蒙上帝賜福，筆者轉換跑道到國立東華大學任教，圓了筆者在九年前剛取得博士學位時，許下的願望：「我希望在十年後，能夠到國立大學擔任正教授」。這時好朋友，秋足教授還說：「正教授換學校，在東華大學，這是不可能的事情」。是的，在人是不可能的，在上帝凡事都可能。上帝實在是一位信實的上帝。

甚至，同樣的事情再一次發生，筆者竟然在東華任教四年半之後，有機會回到臺北，轉換到國立臺北大學任教。這時好朋友，純慧教授說：「正教授能換學校，在臺北大學是史無前例的」。上帝實在是一位使無變有的上帝。

第四章　工作之一

喀嚓一聲，打卡機上工聲音響起，

開始了你一天的工作，

不管是白領階級的：

電話鈴聲此起彼落，

交頭接耳悉悉喳喳，

鍵盤敲打叩叩砰砰；

或者是藍領階級的：

鋤頭圓鍬嗆嗆噹噹，

馬達活塞轟轟隆隆，

汽車火車叭叭唧唧，

都是你工作的忙碌樂章。

第一節　工作神聖

從早上起床經梳洗早餐後，到太陽下山才下班回家，工作明顯的占去一天24小時當中，最精華也相當長的時間，重要性不言而喻。工作時你的能力是否有效發揮，直接影響到你的工作績效高低，以及每天的快樂與否，進而連帶影響你的薪水高低。泰戈爾說：「造物主上帝把你派到人世間，是要你擔負一定的工作責任。所以絕對不要輕忽自己的工作，也不可以傷害自己的身體。」這是你工作的必要，也是工作的界限。至於你在工作中的最高指導原則，就是要問自己：「我到底是誰？我的本性是什麼？我為什麼要做這一份工作？」以及「你這一輩子要做什麼樣的工作？」這

絕對是你需要面對的深層次問題。

一、看重工作態度

在工作職場，「態度」是你願意把一件事情做到最好的精神，這有別於「能力」是你能夠把一件事情做完並且做好的實力。工作態度更是能夠在工作職場上被接納的必要門檻，很多工作主管都非常看重員工的工作態度。主管經常會說：「請你注意你的態度」，並將工作態度當作這個人是否適任這份工作的必要條件。這有別於工作能力，工作態度是在工作職場上能夠出類拔萃、發光發熱的條件。

當然，工作並不是簡單的事。因為人生有太多的變數，有些時候工作的選擇和調動，並不是你所能掌握。例如，在景氣差的時候，工作機會不多，就必須屈就某個工作；或因為種種因素，使得找工作並不順利，無法找到有興趣的工作；或因為家庭因素，必須做一些特定工作；甚至是由於公司政策，必須配合接受工作上的調動安排，做自己並不熟悉的工作等。但是，無論如何，你仍然需盡心竭力，努力工作。

二、尊敬你的工作

工作本身絕對不是一件簡單的事情，若不是這樣，為什麼你做一份工作需要拿取薪水呢？為什麼不是免費做工呢？有薪工作和無薪志工有什麼差異呢？工作和志工當然不同，因為工作需要付出許多心力，所以老闆才會支付薪水的代價聘請你為他效命做工；而不是志工的無償志願服務，當然做志工也絕不輕鬆。而若是老闆認定這份工作需要付出更多的心力，就會願意給出更高的薪資。這當中包括兩個層面：

1. 尊敬工作

　　尊敬工作所帶來的生命意義。「工作」這個字的英文字母是「work」，它是「敬拜、崇拜」（worship）這個字的字根，再加上抽象名詞的「ship」。意思是工作就如同是一種崇拜和信仰，一種人生信念，一種生命召喚（calling），是你要完成的人生使命。工作就等於敬拜，所以要「敬業」，要尊敬你的工作。「敬業」更是工作的主旋律，這是你的人生定位所在。基於工作在質和量的重要性，所以你除了需要努力面對工作之外；更需要你用一顆崇敬謹慎的心情面對它，尊敬自己的工作。

2. 樂在工作

　　快樂的面對工作本身，這個時候你需要有正面的工作態度，要熱愛工作。就像英國前首相邱吉爾所說：「不是喜愛哪一行，就做那一行，而是一旦選擇做哪一行，就要愛那一行。」不論你從事哪一行，都定意要把工作做到最好。就算是你是一位廁所的清潔工，在清掃廁所時，也要把清潔工作，做得有如米開蘭基羅在雕刻藝術品，有如莎士比亞在書寫抒情詩，有如貝多芬在作曲般的盡善盡美。這需你要學會立志作安靜人，辦自己的事，親手做工。在工作中，你必定要面對大老闆（主官）、上司（主管）、同事，甚至是下屬，還有顧客和四周的其他相關人等。這些人都有他們的不同價值觀和工作態度，你要怎樣和工作上接觸到的這些人和平相處，進而做好份內工作，這是工作的藝術。

　　「敬業樂群」是尊敬工作所帶來的生命意義，並快樂的面對工作中的人群。其中「敬業」就是尊敬工作，「樂群」就是樂在人群。一位尊敬工作、樂在工作、樂在人群的人，必定也會是一位樂在生活的人。羅曼羅蘭說：「生命的箭一經射出就永不停止，且讓你追逐那生命目標，並讓你一生都在追求中度過，那麼在這一生中，必定會出現許多美好的時光。」誠

哉斯言。

第二節　不混飯吃

　　工作是神聖的，所以你需要「敬業」，尊敬工作中的每件事物，用一顆開闊的胸襟，謙虛的態度學習。工作也是另外一所社會大學，值得身為職人的你，給自己機會，用一顆敬業的心，虛懷若谷的態度，進行終身學習，而不要只是混飯吃。

一、並非錢多事少離家近

　　職人容易掉進一個陷阱，去選擇一份「錢多、事少、離家近」工作，這雖是人之常情。但是，需要分辨自己做這樣選擇的工作動機，究竟是來自於「金錢或安定誘因」，還是來自於「工作本身的意義和成就感」，切勿陷入迷思而模糊不清。若是選擇工作是因為「錢多、事少、離家近」，而不是因為「工作具有挑戰性，可以學習和成長」，那結果就會是對工作並不怎麼滿意，抱著做一天和尚撞一天鐘的心態，沒有辦法激發出對工作的興奮和熱忱。

　　你當問自己：會使你努力工作的動機，是來自於「金錢或安定誘因」，還是「工作本身的意義和成就感」，管理學中**赫茲伯格**（Herzberg）的**兩因素動機理論**（two factor motivation theory），可以提供合理解釋。兩因素理論指出，促使人們產生動機有兩個因素，激勵因素和保健因素，說明於後：

1. 激勵因素

　　激勵因素（intrinsic factors）是指這個因素一旦出現，能夠激勵你，使你產生行動的動機。這就像掛在兔子前面的紅蘿蔔，能夠使兔子感到興

奮，受到激勵來努力奔跑。工作中常見的激勵因素有工作本身的學習、成長、工作晉升、分紅入股等。因此，工作本身的學習和成長，是工作的激勵因素。因為若是你所從事的工作內容，也就是工作本身。它富有意義，十分有趣，並且充滿著挑戰。就可以使你在專業領域中承擔重任，或更上層樓（如擔任主管）。這是真正的工作激勵因素，會使人熱愛他所做的工作。於是，若是想要發展工作的正向能量，就需要找到工作本身的意義和人生使命。換句話說，為要在工作中繼續保持正向能量，樂在工作，你需要在工作中持續不斷發掘工作的意義，並且在工作中學習新知，以便承擔更大的工作責任。

2. 保健因素

保健因素（hygiene factors）是指這個因素一旦出現，通常不會使你產生行動的動機，又稱為衛生因素。只有在一旦缺少這個因素時，就會使你失去行動動機。這就好像保健室或衛生紙一樣，一旦欠缺會使你不舒服；但就算充分供應，也不會使你感到喜悅。工作中常見的保健因素有工作環境、工作地點、通勤時間、工作條件、工作薪資等，這些不是一個「激勵因素」，它們不會使你產生熱愛工作的動機。保健因素是因為你一旦失去它們，你會不滿意。這就像是你上廁所時，沒有帶衛生紙的使你不舒服，你也不滿意；但是，擁有大量保健因素卻不會使你非常滿意，即使老闆給你高薪或獎金，並不會使你對這份工作的本身感到十分滿意，頂多只是在發薪日當天有短暫的興奮和刺激，使你不討厭這份工作罷了。這就像是你就算是做完整保健的高精密的健康檢查，也不會為你帶來很大的快樂滿足感一樣。

兩因素動機理論就像是指南針一樣，適用在每位職人和每一份工作上，在工作時請切記，工作中的薪資、獎金、地點、安定感等，都只是工

作的保健因素，它們只是你樂在工作時的副產品，絕不是你快樂滿意工作的真正原因。你若能看清楚這一點，便可以專注在工作本身所帶來的意義、成就感，和能力成長。這些激勵因素，它們才會對你產生正向的工作能量，持續激勵你樂在工作。產生高昂的工作滿意度，並專注在真正重要的事情上。

二、不輕易跳槽

　　請避免抱著騎驢找馬的心態，不輕易跳槽。例如工作中碰到不順心，就輕率辭職、轉換工作。結果造成30歲前，在三年中轉換五個工作的情形。這樣雖然可以增加不同類型的工作體驗，增加個人履歷表的長度，對於培養工作能力深度，卻不具任何意義。

　　就企業組織架構的角度來看，每一個組織都有直線（line）和幕僚（staff）的體系。就直線來說，從董事長、總經理、經理、協理、副理、襄理、主任、組長、組員，實在是層層節制，形成長長的命令鏈。不論在行銷業務單位、製造生產單位，或是財務管理單位等都是這樣。

　　而在企業組織的直線架構中，有所謂策略高層（即董事長、總經理之輩）、中間層（即經理、協理、副理、襄理、主任之輩），與作業核心（即組長、組員之輩），可以分別用人的頭部、軀幹、雙腳來表示。絕大部分的企業新進員工，都是用作業核心（即組長、組員之輩）的工作雇用，不管名義是為組員、店員、科員、行員、業務員、辦事員、股員、專員、研究員都是一樣。因此，若你還沒有升上主任或組長職位就跳槽離職，轉到別家公司時。對方也多半是用辦事員或組員的名義雇用，位階仍然是「員」字輩，屬於「一元（員）垂垂」的苦力階級。你仍然是位於公司最底層的雙腳角色，就像兩隻腳要承擔全身的重量一樣，需要受盡壓榨、忍辱負重。還有，轉換工作跑道是需要付出**關係終結成本**

（relationship terminate cost）的。這包括關係結束損失、尋找新關係花費、關係重建支付等，其數額自然不會小。因此，只有在轉換工作後的關係利益，明顯大過於關係終結成本的代價，轉換工作才會是明智的決定。

若以搭捷運來比喻，試想當列車進入大站（如臺北車站）時，必定有許多乘客下車，在這時原來在車廂內站著的乘客必定會先尋找空位坐下。至於在臺北車站上車的乘客，則多半是沒有座位可坐。只能先站在車廂內，等待到其他站，若有其他乘客下車時，再趁機搶先找座位坐下。轉換工作也是一樣，若是有基層「員」字輩的優質好工作一旦出缺，同家企業內部員工一定是捷足先登，先進行內部工作調整（就像是原來在車廂內站立的乘客搶先找空位坐下一樣）。然後剩下較差的職缺，才向外公告招募（就像是在臺北車站後來上車的乘客一樣）。因此，你從公司外面進入公司的最初職缺，多半是公司內部員工挑剩下的職位，因此工作轉換的利益多半不高，扣除工作轉換成本後，實在是所剩無幾，因此，你轉換工作的好處，實在並非如你想像的顯著，就像是「滾石不生苔，轉業不聚財」。當然，主管級以上的工作轉換就另當別論。

再說一次，工作不只是為要糊口和養家活口；工作更是要完成上帝在你身上的人生目的，完成生命召喚，故要用正面態度積極面對。也就是你在選擇工作時，或許可以考量比較各種工作機會。但是，一旦你做出選擇後，就需要莊敬自強，全力以赴。

第三節　開創價值

工作可以發現上帝在你身上的利基，並找出你的比較利益，天賦能力。這就是你透過合適的工作，有利器就省力氣，來開創自己的生命價值。說明於後：

一、有利器就省力氣

　　真是神奇啊！全世沒有任何兩個人是長得百分之百相同的。事實上，每個人都擁有和別人不一樣的指紋，和別人不一樣的眼睛水晶體。因此，你可以透過指紋或眼睛水晶體資料做爲線索，來開鎖、開門，或是破案。

　　上帝創造的每個人都是一個獨特的個體，是上帝匠心獨具的精心傑作。這就好像雪花片片飄揚在銀白世界，但是每一片雪花所出現的紋路卻是不相同的。更進一說，每一個人就是王國中的那位王子，因爲每個人都是從他的父親的幾千萬顆精子當中，賽跑得到第一名的那一隻精子。是它鑽進他母親的卵子中，受精所結合的結晶。所以每一個人都是這千萬隻精蟲中的冠軍產品，所以絕對、絕對、絕對是最棒的。更準確的說，每一個人都是王子（公主），且住在皇宮（母親的子宮）中，懷胎十月生產的上帝精心傑作。

　　上帝在每一個人的身上，已經置放入獨一的天賦才幹，來驅動在工作上達成那特定的成就。換句話說，上帝在你的身上，都已經植入一種獨一無二的「細胞」，是專爲你在工作上特別量身訂做的天賦能力，故你需要格外珍惜運用。在工作上，你不經意會發現，有些事你一下子就上手，做起來事半功倍毫不費力；換若是別人做這份工作卻是事倍功半，獨特的工作能力。

　　能力（capability）是「職人完成某件事務，達成目標的力量。」這是你在工作上面對環境挑戰，發揮個人優勢，運用優勢槓桿的重要基礎。因此，了解你在工作上的獨特能力非常重要。

1. 四項天賦能力

　　這時的**能力**（ability）是達成工作中的各項目標，所必須擁有的才能。理由是天生我才必有所用。工作就是要做你個人「可以」、「能夠」

做到的事情，而不是隨便找一件事來做。這樣才會在工作上得心應手，而不會挫折退縮。每個人先天上就有心智、情感、身體、心靈能力，就是每個人都擁有四種基本能力：智力能力、情感能力、物理能力、心靈能力。說明於後：

(1)智力能力（intellectual ability）：智力能力是智商或智力商數（intelligence quotient, IQ），是由**心智年齡**（mental age）除以實際年齡（chronological age）後，再乘以100而得。包括認知理解、辭彙應用、分析推理、抽象思考、心智推導等。智力能力高的人適合做企劃、研究、設計等高度腦力密集的工作，也就是「資料」取向的事務。

(2)情感能力（emotional ability）：情感能力就是**情緒商數**（emotional quotient, EQ），是影響職人適應環境、勝任環境變動、開發潛能，和抗拒壓力的情緒處理能力。包括：自我察覺（認知情緒感受）、自我管理（情緒反應和衝動控制的處理）、自我激勵（面對挫折失敗後維持正面思考的能力）、同理心（能體會並了解他人情緒感受）、社交能力（進退應對和待人接物的能力）五個部分。情感能力高的人適合做人力資源管理、行銷業務、諮商輔導等高度人際關係密集的工作，也就是「人」取向的事務。

(3)物理能力（physical ability）：物理能力就是**體力商數**（physical quotient, PQ），包括職人的身體強度、伸展彈性、爆發力度、肢體協調、動態平衡等。物理能力高的人適合做生產管理、行政作業、總務事務、駕駛保全等高度肢體操作密集的工作，也就是「物」取向的事務。

(4)心靈能力（spirit ability）：心靈能力就是**心靈商數**（spirit quotient, SQ），表示追求人生意義，和思辨倫理良心的程度。心靈商數是追求生命意義、人生願景和追求價值的能耐，是構成信仰和價值觀的基礎。高心靈商數的人容易具備築夢奮鬥的意志，故可以明顯強化前三種能力獲得成就的程度。近年來諾貝爾獎得主當中，有高達五分之一強都是猶太人。這

是因為猶太人具有高心靈能力，使得心靈能力被進一步探索。

2. 發揮利基原則

若是要發揮上帝所賜給你的天賦能力，你要做你自己相對於別人，「比較」有特殊「利益」的工作。這就是**比較利益**（comparative advantage）法則，是由古典經濟學家**李嘉圖**（Ricardo）所提出。比較利益是經濟市場交易的基本原理，同時也是管理學的**利基原則**（niche principle）。因此，你需要做那些能夠相對比較對你有利的工作，這樣你就能夠事半功倍，發揮工作效率。例如，大象在舉重項目的比較利益，就明顯大於百米賽跑和跳遠。

例如：你在公司工作同仁中，中文程度的排名是名列前茅、英文程度的排名是排在中間、電腦技能的排名是後段班。那麼，你的比較利益就明顯是在中文語文方面，你適合做需要高中文語文能力的工作。例如：文字編輯、寫作，或華語教學等。你明顯不適合到國際企業工作，因為在國際企業工作，會比較多接觸外國人，需要用到英文。相反地，倘若你在工作同仁中的英文排名，優於中文排名或電腦技能排名，那你就明顯適合在外語環境較多的環境中工作。例如，到外商公司或國際企業工作，甚至是到海外工作。因為你使用英語，明顯較中文或電腦，比別人正有明顯的「比較」利益。

在你投出履歷表找工作前，請先了解你自己的個性、能力，和職業興趣。先選擇合適的工作類型，再投履歷應徵工作（詳細內容可參考第十一章工作再思）。

二、相信專業才是專業

在工作上你需要培養專業，以能有效完成工作，至少要培養有三種不

同的專業能力：

1. 專業技術能力

　　專業技術能力（technical skills）是你做各項工作時，使用專業技術來處理事情的能力。例如：生產作業上的機具設備操作能力、儀器讀表能力、品質控管能力等；行銷業務上的市場觀察能力、產品銷售能力、促銷執行能力等；人力資源管理上的人才甄選能力、教育訓練能力、退撫作業能力等；財務管理上的財報分析能力、財務系統操作能力、投資機會辨識能力等；研究發展上的可行性分析、創新提案能力、新產品發展能力、技術移轉能力、技術學習能力等。

2. 人際能力

　　人際能力（human skills）指你在做各項工作時，使用領導、溝通、協調技巧，有效連結眾人，進行聯盟合作的能力。例如：生產作業上的協同生產作業、生產策略聯盟等；行銷業務上的業務員激勵、通路商關係強化等；人力資源管理上的勞資爭議處理、離職面談處理等；財務管理上的協調資金調度、建立財務合作機會等；研究發展上的聯合研發、研究人員情緒管理等。

3. 概念化能力

　　概念化能力（conceptual skills）又稱抽象思考能力，是你在做各項工作時，使用策略性思維、邏輯性推理、概念化架構，進行洞察力思考的能力。例如：生產作業上的供應鏈建立、委外活動的選定等；行銷業務上的市場發展敏銳度、決定新市場進入策略（加盟、連鎖或直營）等；人力資源管理上的高階人事安排、分支單位的裁撤和建立決策等；財務管理上的

企業購併決策、資金組合管理等；決研究發展上決定新產品上市時機、決定專利地圖等。

　　實務上，企業的各項工作按照職位的高低，可以分爲三大群。就是低階管理者、中階管理者和高階管理者，說明於後。

1. 低階管理者

　　低階管理者是指企業的底層員工。例如：辦事員、行員、班員、店員、隊員、組員、股員、科員等「員」字輩的「員工」。廣義上更包括第一層的管理者，例如：基層的領組、領班、店長、隊長、組長、股長、科長、主任等初階幹部。在低階管理者的工作內容中，專業能力爲最主要的部分，占他全部工作的50.0%；人際能力次之，占全部工作的33.3%；抽象思考能力最少，僅占全部工作的16.7%。企業的低階管理者，主要需要倚賴專業能力，來晉升成爲中階管理者。

2. 中階管理者

　　中階管理者是指企業的中間幹部，從上到下包括：經理、協理、副理和襄理等「理」字輩的人物，是爲第二層的管理者，通常被稱做各企業部門的「主管」。中階管理者的工作內容中，人際能力是最主要部分，占全部工作的50.0%；專業能力和抽象思考能力次之，各占全部工作的25.0%。企業的中階管理者，是主要需要倚賴人際能力，來晉升成爲高階管理者。

3. 高階管理者

　　高階管理者一般指企業的董事長、總經理、**執行長**（chief execute

officer, CEO）、秘書長、總顧問、總工程師，等極少數的層峰階級，掌握企業最後決策的權力，通常被稱做企業的「主官」。高階管理者的工作內容中，抽象思考能力是最主要部分，占全部工作的50.0%；人際能力次之，占全部工作的33.3%；專業能力最少，僅占全部工作的16.7%。企業的高階管理者，則是主要需要倚賴抽象思考能力，來繼續維持高階管理者的職位。

三、存下人生第一桶金

在專業掛帥之下，具有高專業的職人，雇主自然會用較高的待遇來聘僱。職人也較容易獲得升遷，取得較高的薪酬，達成存「第一桶金」的目標。但是，不管你的薪資水平多少，不變的道理就是你需要努力開源、節流、儲蓄，存到「第一桶金」的目標。說明於後：

1. 開源

開源是增加各項收入，增加可以運用的資源。首先，努力工作，在公司薪酬獎勵制度下，透過年度的績效考評結果，爭取加薪的機會。再者，透過斜槓的工作機會，獲得工作外的其他收入，例如：語文家教收入、廣告設計收入等。三者，透過被動的收入，例如：房租或土地收入、版稅收入、基金和股票收入、權利金收入等。

2. 節流

節流就是節約開支，減少非必要的消費。首先，先制定每月想要儲蓄的金額，當收到薪水時，就先預扣下要儲蓄的款項。這樣一來，就可以強迫自己達到預定的儲蓄目標。再者，在允許的情況下，盡可能住在自己家中，這樣就可以省下可觀的房租費用。若能夠在家吃早餐、晚餐，甚至帶

中午的便當，就可以省下三餐的費用。三者，節省不必要的聚餐和派對活動，就可以省下不少開支。

3. 儲蓄

儲蓄就是積極存款，累積存款的數字。例如，大學畢業的新鮮職人，設定五年間存到120萬元的目標。就是第一年每個月存1萬元（一年12萬）、第二年每個月存1.5萬元（一年18萬）、第三年每個月存2萬元（一年24萬）、第四年每個月存2.5萬元（一年30萬）、第五年每個月存3萬元（一年36萬）。這樣便能夠在五年內（28歲前），存到120萬元（不含年終獎金）。再如，可設定五年存到100萬元，那麼第一年每個月存1萬元（一年12萬）、第二年每個月存1.33萬元（一年16萬）、第三年每個月存1.5萬元（一年18萬）、第四年每個月存2萬元（一年24萬）、第五年每個月存2.5萬元（一年30萬）。這樣便能夠在五年內（28歲前），存到100萬元（不含年終獎金）。

在你存下人生第一桶金後，你便能夠進行財富管理，「錢滾錢」，消極上擺脫清貧族的命運，積極上達到經濟或財務自主。更有進者，有心成家的雙方都能存到120萬元，兩個人便有240萬元，距離經濟自主或購屋成家，就已經非常接近了。

第五章　午休時間

吃飯囉！暫時放下工作的疲累，

舒緩一下早上繃緊的神經，

這是一段短暫休息的時間，

就像是一場球場比賽，中間的中場休息時間，

切莫快馬趕場的囫圇吞棗，食不知味，

或是工作太忙而沒有午休吃飯，

記得要充分休息，細嚼慢嚥，慢慢品嘗食物好味道。

第一節　充分休息

　　午休時間，就是好好休息的時間。放鬆在早上的繃緊神經，舒緩一下身心。這個時候需要超脫萬事，不受到四周環境的影響，不隨波逐流，得到完整的休息。千萬不要在這時比較和不斷計較，反而沒有好好休息。說明於後：

一、跳出人比人氣死人

　　慾望中的「慾」字，左半邊是一個「谷」字，右半邊是一個「欠」字，底部則是一個「心」字。是指在你的「心」頭上，有著一個空「谷」，這是永遠都填不滿，「欠」也一樣。就是一個永遠都不會滿足的山谷，也是人心永遠都不會被慾望填滿而滿足。當你「慾求不滿」時，就會比較和計較。你的內心已經被物慾蒙蔽和綑綁，進而斤斤計較得失。你總是希望自己能夠多得到一些，少失掉一些。你會拿自己做完一件事情的

付出和獲得，與他人的付出和穫得來互相比較，認定當中不公平的地方。說明於後：

1. 收穫不公平

　　收穫不公平是最常見的情形，明明是大家付出的時間和心力都差不多，而別人的收穫（如得到的金錢或福利），卻是比你高的時候。你就容易產生「這不公平」的想法，進而嫉妒他人。例如，在同一家公司中的某甲和他的同事某丙，同樣都是工作八小時，但是同事某丙的收入卻是比某甲多得多。這時候某甲也會感到不公平，而心裡不舒服。又如，在畢業後幾年的同學會中，某甲發現過去的同班同學某乙，明明在學校的成績並不比某甲高出多少，但是某乙現在的收入卻是比某甲還要高出許多。這時候某甲會感到不公平，而心裡不舒服。再如，在公司裡揪團，某甲團購買一樣東西，若是同事某丁團購的價錢比某甲購買的還要便宜。某甲就會感到不公平，而心裡不舒服。

2. 付出不公平

　　付出不公平也經常會發生，這時大家收穫得到的金錢或福利都差不多，而別人的付出（如時間或心力），卻是比你少的時候。你也很容易心生「不公平」的情緒，進而嫉妒他人。例如，某甲發現他的薪水和公司中的同單位同事某乙差不多，某甲天天加班，還要熬夜工作累得半死，但是某乙卻是天天準時下班。這時某甲會感到不公平，而心裡不舒服。又如，某甲和他同單位的某乙，大家的薪水都差不多，但是某甲是外勤工作，在烈日下被折騰的半死，同單位某乙是內勤工作，常在冷氣房打瞌睡。這時某甲會感到不公平，而心裡不舒服。再如，幾位同仁共同負責一份專案報告，某甲熬夜打專案報告打到腰酸背痛，同組其他同仁卻在上網打電動，

結果專案報告中大家都得到相同的績效。某甲就會感到不公平，而心裡不舒服。

3. 收穫－付出不公平

收穫－付出不公平是指收穫和付出不成比例的不公平，這時通常是你的付出多而收穫少，你就會認定這「不公平」。你認為你的收穫太少，和付出不成比例。例如，某甲發現工作的薪水不漲，薪水數字甚至比去年少，而今年所有的物品的價格卻都漲，萬物都漲就是薪水不漲。某甲把現在和過去互相比較後，某甲就會感到不公平而不舒服。

你在相互比較的時候，被你拿來比較的對象，你是把他們放在和你互相敵對的立場上。你表示妒忌的心情，這樣容易引起爭吵和糾紛。因為你這時是已經無法欣賞對方的優點，甚至學習對方的長處，你失去成長的機會；同樣的，對方也會明顯感受到你的敵意，也無法欣賞和學習你的優點，更別說要接受你的帶領。

簡單說，人比人氣死人，太愛比較也太過於計較，這是你在午休中無法充分休息的一個主要原因，需要避免。

二、別自以為公平

1. 跳脫社會判斷

某甲總是期望獲得公平，或期望能夠為自己討回公道。所以某甲就會斤斤計較於他所付出的每一個心力、金錢和時間，而希望立刻回收足夠的報償。這時，某甲不只會和同一單位的其他人相互比較，也會和不同單位的其他人相互比較。比較是自己賺還是他人賺，自己吃虧還是他人吃虧。某甲在這一連串互相比較的過程中，就會認定「不公平」，進而掉入**亞當**

斯（Adams）所提出的**公平理論**（equity theory）中，陷入誤用**社會判斷**（social justice）的泥濘中。

所謂「社會判斷」，是你自己當作審判官，來判定整件事情的是非和公平。出發點是你自己能夠做出公平的判斷，希望追求公平合理。但實際上，這個世界並不都是公平的，或許你自己努力很久，卻少有成果；或許別人沒有什麼努力，竟然可以不勞而獲，甚至是收穫很大。因此你就會憤世嫉俗的宣告：「上天對我不公平」、「這個世界對我不公平」，甚至宣告「這是一個不公不義的世界」。這個時候你和別人、你和上帝之間的關係都不好。你很可能在某個死結上被攪得團團轉，心結愈打愈深。

要跳脫社會判斷原則，你需要先學會放下得失心。請先接受這個事實：「這個世界事實上並不都是公平的」。這一點雖然很難接受，卻是不爭的事實。你必須先要接受這一件事，這樣，你才有可能從比較的窠臼中被釋放。你能夠破繭而出，進入「謀事在人，成事在天」的開放性思想中。事實上，你只需要盡心盡力，然後將一切結果交給上帝就可以。這樣一來你的心情自然就會放輕鬆，你也能和上帝、和自己有和好關係，也和四周的人有和好的關係。你不會再相互比較，也不會戴有色的眼鏡看這個世界，不再短視、斤斤計較。若是你能夠回歸本心，回到初衷，不受環境人事左右來做決定，就能做到**超然決策**（aloof decision）。

2. 正本清源之道

事實上，每個人的收穫或成就，都是「比上不足，比下有餘」。所謂的名聲、地位、錢財、收穫，都是身外之物。生不帶來，死不帶去。能夠有衣、有食，就應知足、滿足、惜福！因此，正本清源之道就是要「改變」，不再和別人比較、和別人計較。這樣一來，你就會有更開朗的心情，有更寬廣的道路。這時應該要保守內心，勝過保守一切，因為一生的

成果，是由內心發出。再者，透過回歸本心，回到初衷，來看待四周的人事物，你便能夠建立起心靈的保護傘，面對「人生不如意的事，十常有八九」的這個世界，勇敢發揮你獨特的職場軟實力。

「改變」的啟動步驟有三項，說明於後：

(1)用信心宣告，我可以改變

這是態度上的轉向，願意宣告我可以改變。願意拒絕與人比較和與人計較。這時候就是運用信心，向未來開啟一扇機會之窗。你真正相信「那靠著加給我力量的，我凡事都能做」。

(2)用信心宣告，我是新人

這是身分上的轉向，願意重新設定自己的生命，宣告我是新人。新人就是脫去舊人，穿上新人的結果。自然會突破舊思維，產生心意更新而變化。而當你憑藉著信心宣告時，改變和突破的機運就會翩然來到。

(3)用信心宣告，我已經改變

這是行動上的轉向，願意鼓起勇氣去行動。放下與人比較和與人計較，就會發生突破的契機。宣告：「我已經改變」。這樣一來你就會經歷「只要信，就能成，做做看」，成就改變的新氣象。

第二節　廣結善緣

在午餐時間，不妨呼朋引伴，和同事朋友一起用餐，不要當一個孤鳥或獨行俠。因為，利用午間用餐時間，大家一起用餐。這樣你可以和同事們連結，廣結善緣。請把握這美好的機會。

一、享受美食

在午餐時間，面對桌上食物，就好好享受食物吧！享受它的養分來，滋養身體在上午工作上的耗損。特別是臺灣得天獨厚，有很多南北美食，

這是你在廣結善緣時順手可得的話題。例如，基隆有天婦羅、臺北有蚵仔煎、新竹有貢丸和米粉、臺中太陽餅、彰化肉丸、嘉義雞肉飯、臺南鱔魚麵、高雄黑輪、宜蘭卜肉飯等；還有水餃、鍋貼、燴飯、炒飯、炒麵和牛肉麵，以及隨處可吃的異國料理。例如，日本井飯定食、韓國烤肉、廣州燒臘、揚州炒飯、港式飲茶、新加坡海南雞飯、印度咖哩、義大利麵、德國豬腳、美式漢堡炸雞。更別說還有各式各樣的咖啡和茶飲。若說臺灣是美食天堂和美食王國，實在是當之無愧。在這種情形之下，就盡情享受美食吧。讓食物鼓動你的味蕾，帶你進入奇妙的饗食天堂，也儲備好下午工作的能量。

二、三角關係結善緣

你在結緣的過程當中，不免會碰觸到人際關係之間的巧妙處。也就是怎樣拿捏你和他人中間、你和事物之間的平衡感受。

例如，某甲和某乙是同事，某甲素來尊敬並且敬佩某乙。有一天在午餐時間，某甲和某乙一起用餐，某乙向某甲介紹他的好朋友某丙。這時候某甲就會因為尊敬某乙的緣故，進而「愛屋及烏」，接納某丙，三人相談甚歡，進而成為朋友。這就是在職場中，透過廣結善緣，擴展人際關係（或稱人脈）的基本方法。

換句話說，某甲、某乙、某丙，三個人中間，就成為一個等邊三角形。某甲、某乙、某丙，分別處在三角形的三個角點。由於某乙被某甲尊敬，於是某甲和某乙之間的關係符號成為正號「＋」；某乙推薦某丙，某乙和某丙之間的關係符號也是正號「＋」；根據「正正得正」的乘法原則，使得某甲和某丙之間的關係符號也是正號「＋」，進而某甲便會如同尊敬某乙般的接納某丙成為朋友。若三人發展順利，某甲在面對某乙和某丙之間，就會形成認知上的「正、正、正」穩定平衡關係，進而享有認知

平衡的健康感受。某乙藉此完成了人事協調的舉動，更是透過推薦某丙來擴張他的影響力；或是某丙獲得他人（某乙）的協助，以致於能獲得能力展現的機會和平臺，這是人力資源協調的恰當途徑。也是**墨文和布朗**（Mowen & Brown）所提出的**平衡理論**（balance theory）的應用。

在工作職場上，另舉一個負面的例子。某甲的上司王主任特別欣賞某甲的同事小蔡，這會使得王主任和小蔡之間的關係符號成為「正」號。在這種情況之下，由於妒嫉心或是酸葡萄的比較心理作祟，影響某甲和同事小蔡的和睦相處關係，逐漸導向遠離的外推力。進而某甲和同事小蔡之間，根本不會一起吃午餐聯絡感情，雙方的關係符號便會成為「負」號，這明顯影響二人接受他人介入協調事務的意願。連帶的，基於公平推論和遷怒心理的作祟，某甲和上司王主任之間的關係符號多半也會成為「負」號，逐漸失去對王主任的尊敬。因為在比較下某甲會認為，上司王主任並未公平的來對待他。在這個情形下，某甲對於王主任的任何工作上的協調舉動，便不容易合作配合。這時某甲與對王主任和小蔡之間的認知關係，已經轉成「正、負、負」，形成「負負得正」關係認知平衡狀態。是雖然勉強完成協調，但是卻是在惡劣關係下推動進行。這是協調人在進行各種協調事務時，所必須面對的關係陷阱。

換句話說，雖然某甲在工作上仍然可以維持住認知平衡，不致於落入認知失調的困境。但是，由於某甲和上司王主任之間，以及某甲和同事小蔡之間，都是負向的關係。這樣必然造成某甲面對同事的疏離和反對態度，以及期望獲得主管王主任關愛的渴望，既影響某甲的工作情緒，也會損及某甲在該公司中的生涯發展前景。

這時，某甲可採取做法有二：首先是要將某甲和小蔡的關係符號調整為「正」，也就是某甲需要用意志力去接納小蔡，使小蔡成為友善的同事。某甲需要轉念和同事小蔡和睦相處，放下比較和計較心態，更可透過

共同午餐來化解怨懟。這樣一來某甲和同事小蔡之間的關係符號，便會轉變成為「正」號。同時，某甲也要認同他的上司王主任的做法，而將某甲和王主任的關係符號也同時調整成為「正」號。也就是某甲要運用意志力，認定王主任並沒有偏坦小蔡，承認小蔡的確是表現優秀，值得王主任的稱讚。進而某甲面對王主任和小蔡之間的關係，就可以恢復認知平衡的「正、正、正」的穩定關係，這樣就不會危及某甲在公司中的日後生涯發展，進而成就某甲、小蔡和王主任三方和睦相處的美好結果。

三、美好的三角習題

　　若延伸到家庭場合中，就經常會出現先生（當事人）面對妻子、媽媽之間的「三角習題」。因為自古婆媳之間，勢必難相處，因為這是兩個女人要搶一個男人。故妻子、媽媽之間不免會成為「負號」，而先生基於孝順母親，故先生、媽媽之間自然成為「正號」。在認知平衡的要求下，先生、妻子之間自然成為「負號」，導致夫妻之間易生勃谿，夫妻不睦。這時候先生需要在認知上調整和母親之間的關係成為「負號」，並且同時將先生、妻子之間的關係轉換成為「正號」，使夫妻同心，強化彼此的關係，再一起孝順父母。這時也使得妻子有力量善待婆婆，用時間換取婆婆的正面印象。相信再不久之後，假以時日，必定可以使妻子、媽媽之間的關係轉成為「正號」。這時候先生、媽媽之間，也就可以同時轉成為「正號」，達到三方關係都是「正、正、正」的美好境界。必須指出的是，在遭受到婆婆惡意對待的時候，妻子若盼不到先生的善意，通常會回家向自己的媽媽訴苦。這個舉動會導致婆婆和媽媽之間的關係惡化，深化兩個家庭之間的嫌隙，間接使得婆媳關係更加進一步惡化，這樣做並不是明智的舉動。

　　例如，筆者在結婚之後，媽媽每一次到筆者家的時候，就會數落筆

者愛妻（就是她的媳婦）的不是。例如：煎魚煎得魚皮沾鍋、青菜炒得泛黃不好吃、襯衫領子泛黃洗不乾淨、屋角有很多的灰塵、小孩的衣服骯髒等。用這些來顯示出媽媽她很愛乾淨，也很會理家，這當然是兩個女人的戰爭。在此時，由於媽媽和愛妻之間的關係已經成為「負向」，筆者必須因應，將筆者和媽媽的關係也調整成「負向」，就是認定媽媽這個時候是錯的；同時筆者和愛妻的關係仍然要維持「正向」，因為夫妻要離開父母，二人成為一體。因此，筆者和愛妻與媽媽，三人之間的關係就成為「負負正」，仍然是「正號」，是一個穩定的結構，筆者就不會發生認知失調的情形。

直到筆者結婚十年後，筆者的媽媽和愛妻之間的敵意才逐漸消除，兩個人的關係逐漸轉變成為「正向」；這時，筆者才調整和媽媽的關係也轉為「正向」；再加上筆者和愛妻的「正向」關係。因此，筆者和愛妻和媽媽，三個人之間的關係變成「正正正」，是標準的「正號」，繼續成為一個安定的結構。

第三節 停車再開

要能夠樂在工作，中午時間你需要停車再開。讓你的內心重新充電，注滿正向的思想。再次充滿正向、主動且熱情，才能繼續迎向下午的工作。這需要在三方面持續練習。說明於後：

一、感恩的心感謝有你

在午休時間，來面對感恩的心就是感謝再感謝，這是正向自我形象的核心，表現在外的行動就是感謝他人。茲說明於後：

1. 對周遭服務你的人

你從早晨起床、上班、午休、下班到夜晚就寢，工作和生活中所接觸的事物。例如，捷運車輛、餐廳供餐、超商物品、服飾百貨，都是透過他人的服務來做成，也是眾人力量的展現。你若能夠想到，有許多人正在服務你，進而使你的生活更加便利。這時你的心中自然會產生感謝，也能夠保有一顆感恩的心。在午休時間，面對午餐店的餐飲服務人員，說：「感恩的心，感謝有你」的話。例如：

「謝謝你的燦爛笑容，使我在午餐的時間，心中感到快樂、開心。」

「謝謝你的親切服務，使我有一頓豐富的午餐，有好精神繼續下午的工作。」

2. 對周遭發生互動的人

無論是工作上的同事或是上班途中萍水相逢的路人，都有可能與你產生互動。或有人臨時起意問你某件事情，或你需要問別人某件事情。

在午休時間，想想這些與你互動的人，你是否需要向他們表達感謝，說一聲「謝謝」。

例如，面對你的同事或朋友，你可以這樣說：

「謝謝你在專業上的支持與協助，使我在其中可以進步、成長。」

「謝謝你的陪伴，在我快樂的時候，可以分享我的喜悅，在我痛苦的時候，可以分擔我的悲傷。」

還有是在各種感動的時刻。例如在開心時刻，感謝身邊有個人可以分享喜悅；在難過時刻，感謝身邊有個人可以傾聽苦處；在生氣時刻，感謝身邊有個人可以同仇敵愾；在憂愁時刻，感謝身邊有個人可以陪伴哭訴。有一顆感恩的心，便是這個世界上最幸福快樂的人。在工作時感謝有個人能夠陪伴在身邊，這個世界就不再孤單。而擁有一份珍貴友情，便是最美

的祝福。所以要「常常喜樂，不住禱告，凡事謝恩」。

二、讚美看見天堂

讚美的心就是從心裡表示欣賞和稱讚。在午休時間，不妨想想你的四周可以讚美的對象。說明於後：

1. 對周遭服務你的人

千萬不可將他人的服務行為看成平常。面對服務你的人，要學習讚美，需要試著發自內心的表達欣賞，甚至讚賞。讚美的行動包括：讚美他人的人格特質、讚美他人為你服務的事情、讚美他人的優良成果等。

例如，感謝剛才在供應午餐的麵館店家，你可以讚美說：

「你做的牛肉麵餐點口味獨特，我很喜歡。」

「你做的雞腿麵餐點真棒，非常好吃。」

讚美需要具體且特定。例如，你可以讚美上午幫你影印的同伴說：

「你影印的報告好清楚喔！」對於打掃辦公室的清潔工人說：

「你把辦公室打掃得好乾淨，感覺真舒服啊！」

2. 對周遭發生互動的人

想想周遭和你互動的人，你是否也需要經常讚美他們。這就像要使汽車車輪轉動順暢，潤滑油是絕對不可少的。你經常用話語讚美對方，是搏得對方好感的最好方法。「人際溝通需要隨時隨地的肯定和讚美他人，甚至是最親密的夫妻間、最單純的家人間，讚美和稱讚更是不可少」。記得，人們喜歡被別人讚美的事情，大多是他們覺得自己比較沒有把握的事情。特別是當對方聽到你讚賞他的某些事情之後，再聽到你的批評和建議，他也會比較容易接受。」當你讚美別人，不久之後就會成為讚美，再

回到自己的身上。這印證耶穌說：「你要別人怎樣對待你，你就要怎樣對待別人」。

例如，想起某位同事穿著很特別，就去開口讚美她說：

「妳穿這件衣服真好看，是在哪兒買的？」

又如，看到同單位的同事正在料理盆栽，請馬上讚美他說：

「你種的花好好看喔，顏色好繽紛啊！」

三、品味生活點滴

午休時間也適合品味生活點滴，品味的心是指懷抱著一顆賞識和尊敬的心，透過人文素養來賞識你面對的工作生活百態。進而用喜樂滿懷的心，享有豐富生活品質。說明於後：

1. 對周遭服務你的人

面對服務你的人，你要建立某種「賞識」周圍服務的心情。你能夠欣賞例常服務中的貼心微小動作，工作和生活中的細微末節。同時保有對文化象徵符號的內心敏感度，認真看待服務人員所散發出來的不同文化象徵。例如：美國的自由與簡約、英國的紳士和玫瑰午茶、日本的茶道與和服、西歐的文藝復興與教會文化等。還有客家文化的勤奮節儉、原住民文化的真誠和熱情、臺閩文化的鄉土人情和人親土親。透過服務人員，你能夠欣賞各行各業的工作百態，欣賞個別同事的插花藝術和服裝風格，欣賞士農工商與販夫走卒。

例如，面對隔壁同事要你欣賞她小女兒的水彩畫，除一般讚美「這件畫作真是畫的炯炯有神、氣宇不凡、出神入化啊」！你還可以這樣說：

「這件畫作是莫內系列的畫風，陽光和影子的表現真是徐徐如生。」

或是：

「這畫是用強烈的對比和色彩鮮明度，看起來就像是油畫，這是瑞士田園學派的畫風啊！」

更可以再從容舉步端起一杯清茶，讓同事觀看茶葉在茶水中所激起的漣漪，然後再慢慢說出：

「這幅水彩畫的筆觸，就好像日本青茶茶葉在茶水中的跳舞舞姿。」

「這畫有如東方美人茶一般的清澈，韻味無窮，真是畫中有茶、茶中有畫！」

2. 對周遭發生互動的人

品味生活更是放慢原來匆忙工作步調。觀照烏雲消沒、賞識冬陽露臉，仰觀街道旁邊，路樹的搖曳英姿，俯視枝枒叢中的細小紅花。因此午休時間也可走出辦公室，到戶外走走。當你面對四周與你互動的人，可要用一顆品味的心，舒緩著那緊繃的身心，解開身心束縛。從而能夠紓壓，用一顆感謝、讚美和品味回應對方。

例如，面對同事打翻你的咖啡杯盤並向你再三道歉時，你可回答說：

「沒關係，這比飛機空難好得多了！」或是：

「還好，這件衣服剛好需要送洗了。」一個小小幽默，可以化解雙方的尷尬。

心懷感恩、讚美和品味人生，你必然會發現，在工作和生活中四處洋溢著歡喜、雀躍和驚嘆。**盧梭**（Rousseau）說：「生活的最有意義的人，並不是年紀歲數上活得最長的人，而是對生活最能品味、最有感受的人」。品味生活的能力並不只是參加藝文活動而已，而是本著你獨特的生活品味。包括，觀雲望月、品茗賞鳥、飲酒高歌、登山踏青、海濱垂釣、滑草戲雪、修剪花木等，來看盡人生百態，超脫凡塵俗事，陶冶心靈生命，來涵養生活深度，進而達到「因為我思想著感恩、讚美和品味，所以

我如此說話」的不同凡「想」境界。

　　更進一步，若是能激發愛心，則你可以：「愛就是在別人的事情上，看見自己的責任」。於是你會這樣想：「這可以是我的事，也是我應當擔負的責任」。這時你就會停下腳步，把這塊髒亂的角落加以清理乾淨。這時你就是不再是單顧自己的事，也會顧別人的事，而擁有一顆上帝大愛的心腸。

第六章　工作之二

下午繼續上班，

你可曾想過一個問題，

你可以一邊工作，一邊學習，

增強自己的能力，以便能夠勝任更大、更難的工作，

為明天做好預備，

這是工作的另外一層意義，

不是嗎？

第一節　充電學習

　　職人因應工作上的需要，會接觸到很多的新事物或新知識；這時候需要再學習和畢業科系相關的進階知識，以及與畢業科系沒有相關的其他知識；甚至為了預備升遷，需要重新學習某些新知識。也就是積極、主動的自發性學習新知，擁有想要努力學習新知的動力，學習不可打烊。

一、學習不打烊

　　學習＝「學」＋「習」，就是學會然後時常練習，「學會（learned）」和「練習（exercise）」兩部分。正如孔子論語說：「學而時習之」說明於後：

1. **學會**：學會是指「學到」某一些「新知」。學到的管道有「五到」，就是眼到、耳到、心到、手到、口到，藉此接觸新知。新知包括資

料、資訊、情報、知識、智慧、理論等不同等級的訊息。因此，若要
發揮學習的效果，需要落實「學習五到」，而且要博覽群書。

2. **練習**：練習是指「取出」來「鍛鍊」變成熟悉，這需要平日多做些重
複的動作。取出包括照章取出和反芻取出兩大類。鍛鍊則是透過工作
作業和甄試檢測，以及工作或生活上的各種問題解決來做練習。

　　「學習」是職場軟實力中，最古老也是最具挑戰性的課題。因為人
從出生到死亡，學習活動絕對占大部分。有些人離開學校以後，幾乎就停
止學習，於是他的工作生涯進展停滯不前，甚至家庭和情感生活也荒廢疏
離；相反的，有些人秉持著「活到老、學到老」的精神，終身學習並努力
不輟，結果是工作生涯發展可期，家庭和情感生活也豐富美滿。

二、不同方法搞定學習

　　職人在工作和生活中都在學習，學習是職人的各項技能得以精進、熟
練的重要程序。因此，若能夠有效增進，進而精通學習方法，絕對是有效
進行自我管理，工作事半功倍的關鍵。**學習方法**（learning method）是經
由觀察、認知、解釋外界的事物，進而內化到工作的各個層面上，所呈現
出來的習慣領域所在。有效運用適合自己風格的學習方法，是達成有效率
學習的重要路徑，同時也決定你的工作成長潛力。

　　根據麥卡錫管理顧問公司的報告，職人學習主要包括四種方法。即想
像、分析、操作、整合，四類類型的學習，即印象型學習、分析型學習、
運作型學習、複合型學習，說明於後：

1. **印象型學習**：印象型學習（imaginatory learning）就是想像學習。是透
過觀念的思考和想像來學習，進而奠定深廣學習的根基。想像型學習
的人非常重視「意義」，他會問：「我為什麼需要學習這些知識」？

他在學習過程中非常喜愛訴說生活經驗和實際個案，分享別人成功或失敗的故事。想像型學習是透過觀察和感受來學習，強調多熟讀企業管理個案、歷史人物傳記、作業實證故事，來獲得較好的學習成效。這時他是透過眼睛或耳朵來學習，是屬於「眼到」或「耳到」學習的人，喜歡多聆聽演講和參加研討會。

2. **分析型學習：分析型學習**（analytical learning）就是分析學習。是透過理論的推演和驗證來學習，也是透過在課本或教室中學習新理論或新知識。分析型學習的人看重「內容」，他會問：「我需要學習些什麼知識」？他非常喜歡用理性來架構所學習到的新知識、新觀念、新理論，進而透過典型的教學課本，清晰的段落，綱舉目張的編排，獲得學習上的高效能，他是傳統課室教學和紙筆測驗下的「優等生」。他是透過心或手指來學習，是屬於「心到」或「手指到」學習的人，喜歡多閱讀專業書籍並勤做筆記。

3. **操作型學習：操作型學習**（operational learning）就是操作學習。是透過實務的操作和練習來學習，也是透過快速將所學習到的知識，直接或間接應用在工作或實務工作之上，來檢視是否切合實際。操作型學習的人非常強調「實作」，他會問：「我怎樣運用所學」？運作型學習者是一位親自動手操作「DIY」的專家，他非常喜歡進行實驗，實際操作各種機械設備，透過檢驗和自己工作相關的問題，來應用所學到的各種知識。他會勤奮於做實驗、做練習題、執行田野調查，來收到事半功倍的效果。他是透過手或腳來學習，是屬於「手到」或「腳到」學習的人，喜歡多操作專業器材和機械設備。

4. **複合型學習：複合型學習**（comprehensive learning）就是整合學習。是透過知識的綜合和統整來學習，也是透過各種創新點子來將學到的新

知做統整運用。整合型學習的人很重視「創新」，他會問：「我要怎樣推出新產品」？他積極使用預感，尋求新的應用方法和新的創意，透過臨機應變來保持適當的彈性，是標準的創新專家。他會參加創意競賽、各種賽事，且戰績顯赫。他是透過口說或全身表演來學習，是屬於「口到」或「全身到」學習的人，喜歡述說、編劇，和表演演出。

　　你需要了解到自己慣常使用哪一種學習方法來學習，最有學習成效。藉由就地取材，有效配合，發揮一加一大於二的學習綜效。你也可進一步看出你的同事是使用哪一種學習方法來學習，才能夠借力使力，掌握每一次向他學習的機會。

　　例如，若某甲是一個分析型學習的人，當他接觸有條理、有次序的資訊時，他的吸收效果最佳。某甲能夠將所得到的資訊，逐項、逐點的來分類整理，強化吸收和消化的能力。某甲若在工作上要撰寫專案報告，自然會條理分明，具備綱舉目張的架構。如筆者是分析型學習的人，透過「心到」或「手指到」，透過閱讀教材教本和勤做筆記，總是能夠做到高效率的學習。

第二節　倍增學習

　　除了充電學習外，你更需要在工作的同時，進行倍增學習，進行事半功倍的效率化學習。這時需要透過適當的刺激工具，來提升學習的成效。這稱做**工具制約學習**（operant conditioning learning）。工具制約學習的基本用意，是透過行為塑造的工具，使一個人的學習行為保持在有效率的狀態，或至少是能夠維持在某一水平以上。這使自己的學習能量能夠精進，這是啟動學習行動的核心。常見的刺激工具有二種，就是內在工具和外在工具。

一、學習律

內在工具指刺激工具來自於學習活動的本身，是透過適當的自我暗示或重複行為，來強化刺激和學習反應之間的連結。這就是**桑代克**（Thorndike）所提出的**聯結學習理論**（linkage learning theory），將刺激和學習反應做緊密的連結，來提升學習成效。桑代克提出**桑代克學習律**（Thorndike's Laws of Learning），包括練習律、準備律，和效果律。

1. **練習律**：練習律是指刺激和反應之間的連結強弱，需要參照個人的練習次數來決定。也就是個人練習次數一旦增加，就會增強學習成效，練習律提供了透過重複練習來學習的理論基礎。例如，某甲藉由外國籍同事共事的機會，練習口說英文，因為經常開口練習，某甲口說英文的能力就突飛猛進。

2. **準備律**：準備律是指刺激和反應之間的連結強弱，需要參照個人的身心準備狀態是否妥當來決定。也就是你在具有強烈需求時，例如需要獲得某項工作時。會使你努力進行學習，並且獲得愉快的反應，準備律提供了需求導向學習的理論基礎。例如，某甲想要轉換跑道到外商公司上班，他需要多益考試高分，某甲就會在工作之餘努力學習英文，準備參加多益考試。

3. **效果律**：效果律是指刺激和反應之間的連結強弱，需要參照反應後，你能否獲得滿足的效果來決定。也就是成功的行為會產生滿足的結果，你再將滿足的經驗刻印進入記憶中。這時候內在的記憶會催促成功行為的重複複現，效果律提供了成功經驗學習的理論基礎。例如，某甲這個月行銷業績達標，某甲感到滿意，某甲就會繼續努力學習精進行銷技巧。

二、倍增學習增強術

　　外在工具指刺激工具來自於外界的獎勵或懲罰行為，來將刺激和學習反應做緊密連結，來提升學習成效。這就是**史金納**（Skinner）所提出的**增強理論**（reinforcement theorem），常見的增強方法有四種：

1. 正面增強

　　正面增強（positive reinforce）是應用增強理論，對於良好的學習表現（例如業績達到高標）出現時，馬上給予適當的增強。例如：公開讚美、頒發獎狀、發放獎金、給予特別休假、犒賞美食，或其他獎賞等。這會導致這項優良行為重複出現。也就是在優良行為發生時，馬上滿足當事人的需求。透過正面增強的機制，來促使優良行為的再出現。這是強化高效率學習和獎勵產生正向情緒之間的連結，來增強學習的成效，是工具制約學習的一種類型。例如，某甲為強化學習成效，在完成一段努力的工作之後，如做完一個專案計畫、完成一份企劃提案、完成一樁買賣後，就到超商7-11買個餅乾、飲料或霜淇淋，給自己犒賞獎勵。這種即時獎勵自我打氣的行為，有明顯正面增強效果。

2. 負面增強

　　負面增強（negative reinforce）是應用增強理論，對於不好的學習表現（例如銷售業績未能達標）出現時，馬上給予處罰。例如：罰款、限制自由、強制勞動服務、記過、降級等。這會導致這項不好行為重複出現。基本上，負面增強措施原意是當劣質行為發生時，想要消除這個不欲見到的結果。然而，負面增強通常會使當事人增強這個不良行為，結果是導致這個不良的學習表現（如考試得到低分）重複出現，並且持續下去。這是因為負面增強反倒會使當事人引動罪性，心生不平、憤怒，致使刻意增強

此一不良的行為，做為報復。縱使是在被恐嚇之下也可能會陽奉陰違，發生「上有政策下有對策」的負面行動，結果是導致這個不良的學習表現（如銷售業績無法達標）重複出現，並且持續下去。因此，負面增強是一把兩面刃，結果對於你的學習行為並非人所樂見。

3. 削弱

　　削弱（extinction）是應用增強理論，對於不好的學習表現（例如銷售業績無法達標）出現時，刻意忽略。例如：走開、不理不睬、視而不見等。這會導致這項不好行為停止出現。例如，某甲銷售成效不佳以致於業績低於當月的目標時，主管採用削弱方法，忽略這件事情。從而使得這件學習不佳的效果被減弱，甚至消失。或是採用轉移的方式（例如採用其他學習方法），使得某甲學習無效的作為和失望的情緒得以緩解。又如，當隔壁同事工作開小差，跑到廁所抽菸時，你看見就刻意忽略離開。這使隔壁同事感到無趣，停止抽菸而乖乖回來工作。

　　為導正學習成效，對於不好的學習行為，在當同事、部屬，或下線發生不欲見到的怠忽學習行為時，先行忽略、忍耐，置之不理，同時間去了解這件事背後的真正原因。需要等待到對方能夠發生一時性的正向學習行為時，就馬上給予歡呼讚美的正面增強，來開啟對方的正向學習經驗，逐步導正學習的成果。

4. 懲罰

　　懲罰（penalty）是應用增強理論，對於不好的學習表現（例如考試得到低分）出現時，立刻增加當事人不喜歡的處罰刺激，期望能減低他的不良行為。例如，給予責備、處罰、限制行動、強制勞動服務、記過、降級等。這會使當事人自行降低這種不良行為，來避免遭受到下一次的責備或

處罰。

第三節　終身學習

　　除了充電學習、倍增學習外，你也需要終身學習。你可以透過期望的力量，在工作的同時，藉由目標達成的期望。使你有意願和能力，致力於工作投入，並努力學習，說明於後：

一、動機並非刺激或激勵

　　若想要完成一項工作，你需要工作意願和工作能力。工作能力是學習後的產物，請見上一節的說明，至於工作意願則有賴於自己是否具備強烈的工作動機。你需要發現自己的激勵**基因**（DNA），使你的努力能夠產生產出，產出獲得報**酬**收益，進而達成工作目標。

　　動機（motivation）一詞，顧名思義，就是使一個人「動」起來的「機」制。動機是使一個人採取行動的內在動力，動機必然是內心思想下的產物。實際上，動機會決定一個人實際去執行的任務內容。

　　動機是一個人為完成某一項目標，所付出的努力情形，包括努力的強度、努力的方向，和努力的持久性。其中強度是一個人努力的強弱程度；方向是一個人努力的方向，是朝向哪一個目標來努力；持久度是一個人能夠維持該項努力，到達多久的情況。

　　動機和激勵不同，動機是從工作者的立場來看，包括實際採取行動的內在動力，或是面對各種誘因的反應情形。**激勵**（encourage）則是從公司管理者的立場來看，就是管理者提出各種激勵措施（例如：加薪、績效獎金、分紅入股等），來吸引工作者提高工作實績。一個人會受到物質刺激，來引發或強化他的工作動機。

　　動機也和刺激不相同，動機通常持續的時間較長。刺激則是指某些外

來因子，會引起被刺激者進行若干反應。但是刺激一旦消失，被刺激者通常就會回復到原來的情形。例如，某甲參加公司尾牙餐會，表演節目內容搞笑有趣，使得某甲哈哈大笑；或是某甲參加行政會議，主管暴怒大發雷霆，使得某甲繃緊神經、全神貫注；但是表演節目或會議一旦結束，就會失去刺激，某甲於是不再大笑或不再緊張。

　　這裡討論的重點並不是關注刺激的本身，而是要怎樣引起動機。真正的動機是來自於你的內心，故你需要找到工作的真正動機。透過動機，激發行動，來滿足你的**個人需求**（personal need），進而產生你想要的行動成果。

二、期望力量大

　　職人都期望努力工作，然後獲得工作酬勞，進而達成個人的目標，這是他在工作上的期望。這時候，可透過**弗隆**（Vroom）所提出的**期望理論**（expectancy theory），全名「成果—工具—期望理論」，來認定個人努力工作的程度。換句話說，人之所以願意進行某一個行動（例如努力工作），他行動意願的強弱，是來自於他對於進行該項行動努力後，究竟能夠獲得何種結果的期望程度，以及上述結果對於他的吸引力強弱程度來決定。

　　簡言之，「個人的努力」會影響「個人的績效」。進而影響「從其中獲取的報酬」，繼而影響「個人目標的達成」。這當中牽涉到三個因果關係，就是「個人努力和個人績效的因果關聯」、「個人績效和獲得報酬的因果關聯」、「獲得報酬和個人目標的因果關聯」。說明於後：

1. 個人努力正向影響個人績效

　　為使個人努力能夠產生個人績效，達成「一分耕耘、一分收穫」的成

果。這時可用的管理工具有二個：

(1) **做好目標管理**（management by objectives；MBO）方案：透過自我工作目標設定，以及和其他員工的共同參與，訂定具體的工作目標。並自我要求在期限內完成，和回報工作績效。這時個人需要透過目標管理的目標設定，來提高並確保個人的努力，可以達到所想要的績效。因為透過目標設定，可以制定出高且可攀的目標。進而協助他達成所要達到的目標，來產生滿意的工作績效。

(2) **做好工作認同**（work recognition）方案：對於自己的工作表現，時常給予自我肯定的讚賞。就是當你完成工作績效時，先不論期他人（如企業主官、主管、同事或合作夥伴）是否給你報酬，你需要先給予自己工作認同，透過自我獎賞來自我打氣。例如，送給自己一份小禮物，或是自我打氣的讚美自己說：「我做得真棒，真是優秀」，進行正面增強。若是情況許可，更可以集合幾位同事，組成工作小組或是工作品管圈，透過互相激勵的方式，提高彼此之間的工作認同，來提高團體的工作績效。

2. 個人績效正向影響報酬取得

為使個人的績效能夠獲得企業給予的報酬，進而破除社會賦閒效果的吃大鍋飯迷思，可以採用的管理工具有二個：

(1) **執行變動薪酬機制**：個人工作績效在企業的變動薪酬制度中，可以獲得認可。例如，透過績效獎金制度、工作目標獎金制度、利潤分紅制度等做法。個人績效便可獲得報酬，來激勵自己，達成更好的工作業績。

(2) **執行技能薪酬機制**：個人工作績效在企業的技能薪酬制度中，可以獲得認可。例如，透過使用高工作技能，給定高額的報酬等做法。個人績效可以獲得報酬，來獲得激勵，追求更高的工作實績。

3. 報酬取得正向影響目標達成

為使個人所獲得的工作報酬，能夠滿足個人目標，可以採用的管理工具有二個。

(1) **執行彈性福利設計**：是個人工作報酬在企業的彈性福利制度中獲得認可。就是透過各種工作獎金、獎狀獎盃、在職進修、休假安排、升遷升職、海外調職、特別福利等的制度設計，個人便能夠各取所需。因為個人在各個生涯階段中，福利的需求不相同。例如，某甲盼望固定工時，能夠準時下班照顧年幼孩童或年邁父母；某乙盼望獲得休假，能夠陪伴家人旅遊或和愛人約會度假；某丙盼望進修充電，能夠享受學習和知識成長的喜悅；某丁盼望獎金紅利，能夠貼補家用或添購家電；某戊盼望公開頒發獎狀，能夠獲得掌聲肯定或美好名聲。這時，各種有形或無形的福利設計，不管是金錢物質或是心理讚美，或是獎狀名譽。若是能夠和個人的努力目標相互一致，就能夠促使個人進一步付出，做出更多的工作努力，再創工作高峰。

(2) **執行工作再設計**：是個人工作報酬在企業的彈性福利制度中獲得認可。就是透過工作分享、工作分擔，或彈性工時的制度設計。例如，在**工作分享制度**（job sharing system）中，能夠和他人共同擁有一分工作，每天只需要工作半天。能夠有半天的時間，回家照顧小孩，這特別適用在家中有國小三年級以下幼童的職業婦女中。又如，在**彈性工時制度**（flexible work-time system）中，能夠提早或延後上下班一到二個小時，來避開上下班的人潮和塞車車潮。

例如，筆者是國立大學教授，在學術研究上是「目標導向」的期望理論應用者，筆者透過撰寫論文的努力，獲得發表論文的績效，獲得升等和加薪的報酬，來達成個人的目標，形成期望的正向循環。進而**繼續努力撰寫論文，持續終身學習**。

第七章　繼續加班

下班時間到了，

咦，大家還是兢兢業業，忙碌工作，

每一個人的時間好像都不夠用，

工作的壓力如影隨形，

壓得每一個人都喘不過氣來，

加班儼然成為工作的常態，

該如何面對？

第一節　控制自己

在加班的時候，你可能急忙趕工作進度，也要應付主管責難、同事催促，或顧客抱怨，這絕對是在一個忙亂的壓力鍋中。一方面你需要控管工作達成目標，一方面你也需要控制住自己的脾氣。這個時候你就需要運用預警、偵測和減壓機制。就是事前運用「預警制度」、當下運用「偵測系統」、事後運用「減壓機制」，這樣你就可以大事化小、小事化無。說明於後：

一、預警機制

預警機制，是提醒自己現在偏離目標的程度，期能及早做出更正和改善行動。預警制度是一項保護和緩衝。請記得「**別煩惱、要開心（don't worry, be happy）**」，事情沒有你想像的那麼糟，在最後期限尚未臨到前，**事前預警機制（early alerting system）**非常重要，因為它可以幫助你

做好目標管理和情緒控制。說明於後：

1. 目標達成控制上

在目標達成控制上，你需要設定若干檢核點，當成預警，來檢視現在的工作方向偏離目標的情況，和工作進度落後目標的程度，作為適時調整或改進的參考。例如，要完成為期三個月的專案計畫，在經過一個月時，需要檢查是否已經達成三分之一的進度，當成預警。管理學常用的**甘特圖**（Gantt chart），是優良的目標達成控制工具。甘特圖的橫軸為時間，縱軸為待完成的工作，各項工作便可以分別標示應該完成的起始點和終結點。這樣一來，你便可以在某一特定時間中，檢查進度是否如期達成。

2. 情緒管理控制上

運用事前預警制度，透過預警「**線索**（cue）」察覺自己情緒上的可能波動。就是使用一些線索，例如：疲累、飢餓、口渴、忙碌、壓迫、緊張、衝突等，事先提醒自己。預警制度是一項美好的設計，能夠讓你事先防範，避免發生情緒傷害。

你需要事先檢查自己情緒水位的高低，是否已經達到滿水位。若是自己的情緒已經達到滿水位，需要及時紓解情緒以免爆發。若是身體已經非常疲憊，或今天已經開了一整天的會議，和別人爭論不休。那你需要學會事前告知其他人（同事、配偶或家人），今天自己的情緒水庫已經滿載，隨時都會爆發。並請對方小心防範，以免對方踩到地雷，造成情緒爆炸。例如，提早發送LINE留言：「在高度壓力中」或「請不要惹我」。告訴對方，請提高警覺來對話，或是先告訴對方，明天有簡報會議，現在的時間非常緊繃。

二、偵測系統

偵測系統是當下偵查出工作現場的狀況，以做好因應對策。

1. 目標達成控制上

在目標達成控制上，你需要設定若干偵測點，當成事中偵測系統，來檢視工作執行結果是否已經如期達成目標。至於偵測系統通常是以績效指標來呈現，而表現在你事先設定好的**關鍵績效指標**（key performance indicator, KPI）上面。這時候的KPI就是**記號**（sign），用來表示目標達成的具體內容。

2. 情緒管理控制上

你需要運用事中**偵測系統**（detecting system），透過記號來檢測自己說話的內容。就是檢查你和他人的對話內容，是否已經踩到溝通紅線。要留意有哪些特別的個人、事物、說話、行動、習慣，會使你失去理智，這時你就要提高警覺。這些記號包括，加快說話速度、提高說話分貝、拉出尖銳聲音、臉紅脖子粗說話、說某些情緒字眼（例如：你真笨、你總是、你怎麼都學不會等）。還有溝通時一直說話而不想聽人講話；或充滿批評、論斷、指責、命令對方，不會互相尊重等。

你需要經過多次的調整和訓練，方能夠學會有能力運用偵測系統，分辨現在此時此刻的溝通品質高低。例如，你可以在對話中偵測：

1. 對方說話的用詞，是訴說事實，還是個人的主觀評斷？

2. 雙方對話中，你是說多於聽、聽多於說，還是聽說平衡？

3. 對方說話的口氣姿態，你是用父母、成人、孩童的角色來說，對方是用對父母、成人、孩童的身分來回話？

4. 現在雙方對話內容，是在打招呼，還是談論他人的事情，談論自己的事情，訴說自己的感覺，還是高峰經驗？

透過偵測系統，你便能有效做好情緒管理控制。因爲你要先偵測自己的情緒水位，才可以控制自己的回應方式。

順便一提，若是有人突然冒失插入，打斷你的工作流程或既定行程。如果這事是無法避免的，你何不試著轉換心情，把被別人打斷當做是工作的一部分，讓它成爲我們偵測系統中的一個環節。這樣你就不會因爲想要做其他事情而心焦氣燥，甚至情緒火山爆發，也不會因爲老是受到挫折而心情低落。

三、減壓設計

減壓設計是當情緒爆發時，該有的降溫設計，以避免傷害擴大。

1. 控制脾氣慢慢發作

在情緒爆發時，你需要先學習「要快快的聽，慢慢的說，慢慢的動怒。」開始練習在生氣發怒時，將怒氣慢慢釋放，而不要瞬間爆炸。因爲當你在被惹毛之後，若是大發怒氣，馬上破口大罵，這會使得在你四周的人和事物都遭殃，這實在是一件沒有智慧的行爲。建議把你說話的速度放慢。

例如，筆者開始學會運用慢慢動怒的說話：例如，筆者會慢慢的說話：

「我_非_常_的_生_氣_，我_一_直_都_很_生_氣_」。或是，

「我_現_在_很_生_氣_，我_眞_的_快_要_氣_炸_了_」。

很奇妙的，當筆者用這種的方式說話時，筆者的怒火已經無形中消退一大半，筆者發現這是一個控制怒氣發作的好方法。

還有，當筆者生氣不高興的時候，筆者學會先離開現場，找機會去洗個臉或上廁所，透過冰涼的水柱，澆熄筆者滿臉的怒火，或至少消去一大半，這樣就能夠免掉更大的衝突。

2. 控制怒氣下的行為

若是你和對方的意見不一致，導致快要爆發衝突時。你需要提醒自己，不要在盛怒中作出不理性的行為，以免事後後悔莫及。例如，在憤怒中發出罵人的簡訊、LINE、電郵，或留下負面情緒的字條。這樣做會犯下「電郵戰爭」或「簡訊或LINE留言自殺」的錯誤，反而留下法律訴訟的證據。你需要冷靜再冷靜，在盛怒中按下暫停鍵，爭取自己有客觀思考的空間。

若是你已經做出錯誤的舉動，你當然就需要補救和修復雙方破裂的關係。要向對方道歉認錯，請求原諒。道歉永遠是第一步，也是最後一步你要做的事情。首先，你需要學會先為氣氛不佳道歉，這樣一來你便有機會營造較好的對話氣氛。為下一階段的實質道歉來鋪路，這樣雙方都有臺階可以下。

第二節　時間管理

魯迅說：「時間，每天得到的都是二十四小時，可是一天的時間給勤勉的人帶來智慧和力量，給懶散的人只留下一片悔恨。」這說明上帝公平地給每一個人相同的時間，但是時間需要有效管理。特別是在經常加班的情況下。

時間管理（time management）就是事前規劃時間的使用，並做好自我管理。改變你的優先次序，達成更高的效率和效能。第一步你需要先問自己是「時間管理」，還是「時間管你」。面對加班時刻，有三個管理處

方，就是將事情分門別類、別急著做緊急的事，和時間要花得有效率。說明於後：

一、將事情分門別類

首先是將事情分門別類，就是事務分級管理法則。需要用**尼糾拉斯**（Nicholas）所提出的**專案管理**（project management, PM）態度，將最重要的事務列入專案，確保優先處理。

這時，事務分級管理需要將事情依照「輕重緩急」，區分成「重要性」和「緊急性」兩大類，再細分成「重要又緊急」、「重要但不緊急」、「不重要但緊急」、「不重要又不緊急」四種組合。

這當中，所謂「重要的事情」是指和設定的目標直接相關的事情。就社會職人來說，成家立業是人生目標，因此結婚和生小孩是重要的事情。就大三、大四即將畢業的準職人來說，由於即將踏入社會，於是畢業後找工作，或投考研究所是重要的事情。當然，準職人的身分還是學生，於是期末考試過關、順利畢業也是重要的事情。

至於「緊急的事情」是指突然發生，需要馬上處理的事情。例如：手機或電話響起、臨時起意的約會、顧客的抱怨客訴、主管突然交付任務、突然來訪的親朋好友、安排假日聚餐或張羅生日派對、小孩感冒發燒等。

職人在工作上確實有很多事情是非常緊急的，例如：必須馬上趕赴的約會、必須馬上辦理的工作、必須馬上聯絡對方、必須馬上上線回應客訴等。但是因為時間有限，有許多重要的事情也需要花些時間來處理。這使得你經常在「緊急的事」和「重要的事」中掙扎難以決定。若是能夠分清事情的輕重緩急，便能夠排列出處理的先後優先順序，進而有效率的安排時間，在既定時間表中完成該做的事情。

例如：筆者是熟練於將複雜的事情，進行簡單化工程的行家。筆者強

調要集中焦點，做重要的事，至於其他不重要或是微不足道的事情則將它跳過，要隨時都專注在最重要的事情上面，這樣就可以提高工作效率。筆者更透過排定事情的優先順序，將重要的事情確保能夠優先完成，再來進行次要的事，降低時間的浪費，順利達成工作目標。

二、別急著做緊急的事

時間管理的最高指導原則，就是重要事情優先處理原則。也就是你要使最重要的事情，一直保持在最優先處理的位置上面。這是時間管理的ABC法則。這時的關鍵是按照順序，依序執行「重要又緊急」、「重要但不緊急」、「不重要但緊急」、「不重要又不緊急」的四種事情。

1. **面對「重要又緊急」的事情**。例如：父母親病危、家中發生火災、家人發生車禍等事情。這些事情必須放在第一優先處理的位置，因為若是有所閃失或耽誤，可能會發生難以彌補的遺憾。

2. **面對「重要但不緊急」的事情**。例如：三個禮拜後要交的專案計畫報告、一個月後要面對的業務檢討、一年後要面對的工作升等考試、兩年後要投考的國家考試、五年後要面對的結婚成家問題等。這些事情必須放在第二優先處理的位置，應該隨時隨地按部就班的推動，定期檢查執行的進度。以免沒有適時處理，等到期限到的時候，變成很尷尬的重要又緊急的事情。

3. **面對「不重要但緊急」的事情**。例如：主管臨時交辦的任務或會議、臨時安排的活動或約會、電話響起朋友打來的聊天邀請、臨時來訪的朋友、緊急的網路購買活動等。這些事情應該放在第三優先處理的位置，可以在前兩項優先事務都已經獲得妥善處理的情況下，找適當的時間安插進行，只需要留意不要和重要的事情互相衝突。

4. 面對「不重要也不緊急」的事情。例如：上網路臉書打卡、玩電動遊戲、看電視節目消遣、閒暇逛街血拼、打手機聊天說笑等。只有在前三項優先事務都已經處理完備時，適當的進行適當的數量，但需要留意不要養成不良的習慣，打亂生理時鐘，破壞身心靈的健康。

因為對不同的人來說，就算是相同的時段，主觀認定的價值順序也不相同，所能產生的效能也不盡相同。於是，你要按照自己的生理時鐘，將一週七天或一天24小時中，能夠給你工作和休閒的時間，分成最高效率的「金牌時段」、次高效率的「銀牌時段」、一般效率的「銅牌時段」、最低效率的「鐵牌時段」，再按照事情的輕重緩急，分配適合的時段。這樣一來便能夠將「重要」和「緊急」的事情，透過個人對時間價值的分配，做好重要事情優先處理的步驟，安排如下：

　　a. 第一優先：「重要」且「緊急」的事＋「金牌時段」。

　　b. 第二優先：「重要」但「不緊急」的事＋「銀牌時段」。

　　c. 第三優先：「不重要」但「緊急」的事＋「銅牌時段」。

　　d. 第四優先：「不重要」且「不緊急」的事＋「鐵牌時段」。

對於事情重要性高或低的認定，可以按照**馬斯洛**的人類需求層級來認定。你若是能夠按照事情重要性的高低，調整做事的先後順序，必定能夠快速地提高時間使用效能。你需要認定這件事情是你必須要去做，還是你想要去做，或只是你會做而做得很開心的事，這樣一來就能夠確認這件事情的絕對重要性。因為就算是這一件事情很難做，但是因為實在是非常重要，就應該優先去做。就算是很困難使你頭痛或拉肚子，也要去做，這樣才能達成目標。若是花費太多的時間在不重要的事情上，久而久之就會使得時間需要大於時間供給，造成時間不夠用的**時間短缺**（time shortage）情形。

你也需要留意時間運用上的兩個陷阱：

第一個陷阱是錯誤的時間配置。當出現不合宜的時間分配時，通常你需要耗費更多的時間來解決問題，白白浪費珍貴的時間資源。例如，晚上熬夜趕專案計畫報告，結果是隔天上午爬不起來，或是白天昏昏沉沉，沒有辦法處理工作的事情。甚至是搞壞身體，需要看醫生打針吃藥，花時間休養醫療。

第二個陷阱是拖延。面對重要但不緊急的事情，你通常不會很想去做，故會一再拖延，拖延的結果就會在時間快到的時候，變成緊急的事情。最常見的情況是將工作拖到最後一刻才趕緊做，結果是趕時間的匆匆做完，趕工做出來的東西通常品質不會太好。

例如：筆者就規定自己一個禮拜的工作時數絕對不超過五十個小時，也同時認定若是這個禮拜超過這個時數，下個禮拜就要追回它，這樣做展現出筆者具備高效能的工作量能。筆者也留意到轉換心態的重要性，透過適當的放假休息，例如：泡湯、跑步、郊遊等，來釋放工作壓力，避免身心產生彈性疲乏。結果筆者放假回來後的工作效率，就會明顯提升。

第三節　時間使用

時間使用就是常常問自己，時間花得是否有效率。效率等於產出（成果）除以投入（時間）。例如，做完10個水餃需20分鐘，效率即為2分鐘完成1個水餃。若是你能善用工具和習慣、運用增加時間供給的技巧，來有效利用時間，就能提升時間使用效率。

一、善用工具和習慣

首先，利用各種科技工具，例如，善用事務機器、通訊設施、運輸系統、各種軟體硬體，來提升時間使用效率。工欲善其事，必先利其器，熟練地使用各項機器設備，可以節省時間，這好像是在另外一種形式上的增

加時間供給，這是時間管理的初階技巧。這當中機器設備包括以下三類：

1. **通訊與事務機具**：例如，桌上型電腦、筆記型電腦、平板電腦、印表機、影印機、掃描機、錄放影機、攝影機、單槍投影機、無線電、傳真機、臉書、推特、電子信箱、手機上網、視訊會議、Skype、無線電話等。

2. **運輸機具與系統**：例如，捷運系統、輕軌電車、高速公路、快速道路、高速鐵路、火車、飛機、輪船、公共汽車、公車專用道、纜車、高速電梯等。

3. **相關作業軟體系統**：例如，word、powerpoint、excel、office、SPSS、SAS、各種繪圖軟體等。

你若能夠善加利用工具來增加時間供給（time supply），必定能夠提高時間使用效率。例如，某甲面對辦公室裝潢而購買並組裝新辦公設備和新桌椅後，所留下一大堆的保麗龍、紙片、塑膠膜袋子、什物、包裝紙箱等垃圾，便到公司總務處或大樓管理委員會處借用推車一臺，僅需一趟工夫即輕鬆清光所有垃圾。

再來，你可以透過專心、細心、用心的個人品格，建立良好習慣，來提升時間使用效率。時間管理就是習慣管理，若是能夠培養專心做事的好習慣，便能夠在無形中增加很多時間供給，進而提高時間使用效率。這就好比有人要在球場上較量比武，需要按比賽規矩，才能夠獲勝得到冠冕。又如，聖經故事中，尼希米修造城牆，城牆就都結構整齊，進度快速，因為工人專心作工，建立專心習慣。最後城牆蓋好了，總共才花五十二天。又如，某甲從辦公設備組裝工人處學習到，他們兩人在組裝櫥櫃桌椅時專心工作，心無旁騖並不聽音樂、看電視或打電玩，也沒邊做邊聊天。在工作中，只有中場休息十分鐘喝杯水、吃點東西、聊天說笑一下，結果只花

兩個半小時就完工。

二、善用管理技術

　　就是透過精進各種時間管理技巧，包括底線時間原則、分配時間原則、連續時間原則、生理時間原則、零散時間原則、制約時間原則，來增加時間供給，進而提高時間使用效率，說明於後：

1. 底線時間原則

　　底線時間原則就是和自己約定，約定某件事務，需要在某一個特定時間底線完成。透過清楚訂定目標時間，訂下必須完成的時間點，就能夠督促自己完成，因為目標是一個壓迫你行動的時間底線。例如，某甲的主管在面對辦公設備和隔間裝潢時，和統包的木工章先生約定全部裝潢工程需要一個月內完成，結果就能在約定時間內完工。再如，某乙和自己約定要在這個月底前需要完成這一份企劃書提案或專案報告書，某丙和自己約定在未來兩年之內一定要結婚娶妻或是把自己嫁出去等。又如，尼希米要修造城牆時，國王問尼希米說：「你此行需要多久的日子？幾時回來？」於是尼希米就和國王約定兩個月的日期，國王便歡喜差遣尼希米前往。

2. 分配時間原則

　　分配時間原則的要領是將一件大型的工作任務，或是重大的任務加以切割，細分成幾個小部分，再透過**分開克服**（divide and conquer）的原理，安排在不同時段，或是由許多人，來分別完成。例如，在工作上撰寫一份企劃案、專案報告或專書需要分章節完成、進行一個研發計畫需要分階段完成。這時候需要將每一個段步驟，分別制定出需要完成的時間點，並進行進度管理。再如，尼希米修築城牆時，是使用分配時間原則，將工

作分配給許多人進行，如先是由撒督修造自己的房屋，其次是東門由示瑪雅修造，再次是米書蘭修造等。

3. 連續時間原則

使用連續時間原則就是高效率的利用時間。若是搭高鐵，就能在一個半小時內，從臺北直達高雄左營。若是走高速公路，開車一小時就能由臺北到達新竹。但若是塞在市區車陣中，走走停停就只能從臺北西門町開到內湖。其中的祕訣就在於能夠不停的加快速度，時間不被他人中斷。這時候需要關閉手機、不接電話、不接見訪客，甚至退到密室、會議室或圖書室內工作。例如，尼希米修築城牆時，是利用連續時間原則，他們一半作工，一半拿兵器護衛，從天亮做到星宿出現時。又如，木工章先生在進行木工作業時，他的三人工作團隊，從上午八時開工，做到晚間六時，只在中午休息一小時吃飯，整天八、九個小時連續工作不停，就能夠在三個工作天中，完成辦公室隔間設備的木工裝潢作業。

4. 生理時間原則

生理時間原則就是生理時鐘原則。你需要在一天當中，找出最具有生產力、最具有生產效率的時間區段。這時間區段只需要2到3個小時就足夠，把它看成核心時間，再積極保護這個核心時間，不要被其他事情占用，這是絕佳的時間管理技巧。為要保護核心時間專心工作，必要時需要請上司、主管、同事、朋友來幫助完成。這時你可以仍然待在座位上，或是攜帶筆電到圖書室、會議室、咖啡廳工作（如閱讀資料或撰寫報告等）。例如，經選定每週二和每週五上午10至12時為生理時間後，在這段時間專心做事，並將手機關機或交給同事代為接聽。又如，木工章先生在進行木工作業時，他利用週四和週五兩個上午的工作時段，專心處理木工

裝潢中最困難的部分，就是業主特殊要求需要精心雕琢的特殊製品。

5. 零散時間原則

　　拿破崙說：「利用零散時間，就能創造時間」，這說明零散時間原則的要點：創造時間。重點是是將行政事務集中處理，來節省時間，要愛惜零碎時間，不要浪費時間。例如，執行上可以先同時將銀行匯款、郵寄包裹、領取郵件、清潔垃圾、請購器材、購買午餐等行政事務集中處理。甚至是在搭車時間安靜沉思、禱告或閱讀。當然要注意以安全和不傷害身體健康，做為底線。又如，某甲將一天中，一、兩個小時的零碎時間，進行調配整合和有效利用。他手上總有一本書來閱讀，進而使他比其他人更多時間充電學習。再如，筆者會在工作時，同時集中各種行政事務同時處理，並說今天是行政日。在工作空檔時掃地或倒垃圾，有些時候利用拖地或燙衣服，來運動一下身體。

6. 制約時間原則

　　制約時間原則就是透過工具制約刺激，善用各種好東西，正面強化自己。所謂的好東西可以是物質上的小東西。例如，便利商店中的飲料或餅乾。也可以是精神上的一句好話。例如，自我打氣的對自己說，你做得好棒。這樣便可以得到飽滿電力，充電後再出發，生產力加倍，發揮出時間利用的效益。

　　例如，歌德寫出世界文學瑰寶──詩歌劇《浮士德》，長達12111行。歌德為什麼能夠完成這樣偉大的作品？部分原因就是歌德他這一生非常珍惜時間，他把時間看成是自己最大的財產。他在一首詩中曾如此寫到：「我的產業多麼美，多麼廣，多麼寬！時間是我的財產，我的田地是時間。」歌德是懷抱「每一天都是新的一天，都有新鮮事等著發生」。他

已經決定要每天身體力行，「寧可燒盡，不願意朽壞」。這是歌德的時間利用哲學，他也貫徹到底。歌德認為放棄時間的人，時間也放棄他，故一定要抓緊時間。他一生中把一個鐘頭當600分鐘使用，把時間看做生命，絕不會浪費一分鐘、一秒鐘。若是你能夠敬畏上帝，尊敬上帝所創造的時間，充分利用時間不浪費，遵守時間管理原則不違背，一定能有精彩豐富的人生。

第八章　下班路上

下班嘍，要回家了！

把工作留在公司，不要帶回家，

踏著輕且穩的腳步，離開辦公室。

在下班路上，你回顧一天的工作，

就更認識你自己，更喜歡你自己，

燃起對生命的熱情火焰。

第一節　看看自己

　　利用下班的路上看看自己，在你一天的工作當中，若要發揮職場軟實力，建立和諧的人際關係。你就需要先建立起正面的自我形象，進而熟練運用溝通技巧。例如：交流溝通、同理對方、互相尊重等。也就是你若能夠建立一個正面的自我形象，你人際溝通的效果自然會事半功倍；相反的，你若是具備負面的自我形象，則你人際溝通的效果就會事倍功半。於是本章就從看看自己，檢視自己的自我形象開始。

一、你就是你自己

　　找到屬於獨特的自己，包括自己的個性風格，興趣偏好和學習方式。這樣能認識和面對自我，認清你就是你自己。要建立美好的自我形象，第一步需要檢查你個人的自我形象內容。這時就需要認識和面對自我，認清「我為什麼是我」，從而在工作和生活中建立踏腳石。人際關係能夠看得透徹，進而建立厚實的人脈。因為：你就是你自己。

安靜的坐著，對你自己重複的說：

「我就是我自己。」

這句話似乎說起來很簡單。但是，

你需要在生活中的每一時、每一刻都記住這句話。

不管是在你工作時，是在你休息時，是在你和朋友會面時，

也就是now and here，你可以放下所有的角色。

你便可經驗到，你不需要對任何人證明什麼。

你是百分之百自由的，你就是你完整的自己。

你不需要被你的弱點和缺點所控制，也不需要用力證明自己是誰。

特別是你在別人面前覺得丟臉的時候，或是在競爭中失敗的時候。

要記得維持住這個自己。

這是沒有人可以傷害的、奪走的，這個真實的自己。

這是個自由、自在、自信的你自己。

二、留意自我形象

自我形象（self-image）或稱**自尊**（self-respect），是自我認知和評估的總合。例如，我是一個很友善、很親切、很有人緣的人；我是一個幽默風趣、活潑樂觀、個性開朗的人。自我形象包括兩個層面，說明於後：

1. 自己給別人的印象

自己給別人的印象，就是在別人的眼中，別人怎樣看你。這包括兩個面向：

(1) 公眾我（arena）：公眾我是別人知道、你也知道的部分，或稱開放我。公眾我是一個人面對社會大眾時，自己的自我扮演樣式，是自我感覺舒適的領域。例如：姓名、身高、長相、服裝衣著、教育程度、聯絡方

式、工作頭銜等。

(2) **盲目我**（blind spot）：盲目我是別人知道、你不知道的部分，或稱盲眼我。盲目我是被社會大眾所知道，但自己卻不知道的自我，是自我無知的領域。例如：小動作、口頭禪、別人取的綽號等。

2. 自己看待自己的印象

自己看待自己的印象，就是自己認定自己是屬於哪一種人，是自我認知、自我認同的烙印印象。烙印印象是已根深蒂固，崁進大腦中，成為個人的意念思想，甚至已經是人格的一部分。包括三個細目：

(1) **公眾我**（arena）：公眾我是別人知道、你也知道的部分。已如前述，例如：姓名、身高、長相等。

(2) **隱藏我**（façade）：隱藏我是別人不知道、你知道的部分，或稱隱匿我。隱藏我是自我有意識，但在社會大眾面前卻明確保留的部分，也就是你願意自我坦露的領域。例如：自曝過去的失敗和傷痛往事、難堪回憶。

(3) **未知我**（unknown）：未知我是別人不知道、你也不知道的部分，或稱未識我。未知我是社會大眾和自我兩方面都沒有這個意識的領域，是自我有待開發的領域，又稱潛意識。例如：潛力、爆發力、靈感等。

上述就是你知我知的公眾我、你知我不知的盲目我、你不知我知的隱藏我，和你不知我不知的未知我四方面，是認識四個內在自我的管道。也是**周哈里窗戶**（JoHari window）的內容。

通常隨著人際關係的擴展，「公眾我」的部分會逐漸擴大，「盲目我」和「隱藏我」的部分會逐漸縮小。你若能夠透過擴大公眾我的大眾領域，縮小隱藏我的私人領域，便能夠有效減少人和人之間，因為認知差異所產生的誤會。換句話說，就是透過主動向對方表示自我保留的事務，並

且減少不必要的時間和精神浪費，就是雙方坦誠相待，必定能夠增加彼此之間的認識。

　　建立自我形象就是真實的看待自己，你一個人獨處時，自己對自己的真正感受。自我形象其實是從內心深處發生的，並不是別人強加在你個人身上的壓力。愛裡沒有懼怕，愛既然完全，就把懼怕除去。故你需要在上帝的大愛中，完全接納你自己。

三、自我形象怎樣形成

　　自我形象是來自於個人的外在（如身高、體重、特徵、長相、容貌等），也會來自於個人的內在（如智商、能力、才藝、個性、品味等）。自我形象是一個自我認知的總合評估。例如，自我評估成正向、積極、樂觀、有信心的高自尊；也評估成為負向、消極、悲觀、沒有信心的低自尊。

　　通常自我形象是成形於孩童和青少年時代，自我形象和你成長過程密切相關，故需要探索自己的**生命故事**（life story）。自我形象的形成包括三層面，說明於後：

1. 家庭樹

　　家庭樹（family tree）是記載你的血親關係和姻親關係的枝幹圖，以及家人親屬間的重要生命故事。例如，出生、就學、畢業、工作、結婚、生子、離婚、單身、遷移、罹病住院、死亡等事件。透過家庭樹，你能夠探索自己的生命根源和個性成展的重要記錄，進而訪查出自己自我形象形成的脈絡。

2. 踏腳石

踏腳石（stepping stone）是記載你成長的重要紀事，來導引出你怎樣成為現在的樣式，這當中所牽涉到的各個重要生命事件。踏腳石是表示你從以前的A點，踏步進到現在B點的過程。透過踏腳石，你能夠探索自己生命成長的動向，以及這當中的關鍵事件，和對你個人的影響，進而發掘出你的自我形象的形成過程。

在你的成長過程中，無論是**原生家庭**（family of origin）、學校、社團、工作上的經歷，都會發生若干事件，包括關鍵事件。在事件中，你會遭受到別人的善意接待或惡意虐待。這時別人的善意協助或溫和對待，會使你產生正向的自我形象；別人惡意欺負或惡言相向，就會使你形成負向的自我形象。而這些都會形成你的生命刻痕，這是你生命的踏腳石。

換句話說，從國小、國中、高中和大學時期，父母雙親是否健在、支持、學業成績是否優異、師長評語是否正面、兄弟姊妹反應是否友善、同學玩伴的態度是否正面，以及是否發生特殊重大事件，都是形成你自我形象的養分溫床。

這時你生命中的歡樂、溫馨和愉悅歲月，若經過精心處理和面對，在你心中產生相互撞擊的心靈感應，產生長期記憶，就會在腦海中留下長期印象，促使你成為會這樣對待別人的樣式。這樣必定有助於你，建立正向的自我形象。相反的，你生活中的挫敗、哀傷、失落經驗，若未能妥善安慰和面對。就會在你內心留下負面傷痕，促使你形成別人所宣稱的負面樣式。結果就會形成負面的自我形象。

3. 內在誓言

內在誓言（inner vows）是針對生命的某一個特定事件，其中某位關鍵人物的口中所說出的話語，就如同下達某項「口令」一般，被你自己百

分之百的採信吸收，並烙印在心版上，從而你的行為，會不由自主的朝向該口令的方向來發展。最後形成性格，導致最終命運。「命」這個字，就是由「口」加上「令」所組成。足見他人話語形成的內在誓言口令，對於一個人性格和命運的影響力道。

內在誓言經常會發生在孩童和青少年時期。因為這時你尚還年幼，生命安全是由年歲較長的成年人所掌握。特別是你在小學生時代，面對成年人，你身高上差一大截，你在成年人面前會心生畏懼。於是由成年人口中所說出來的話，特別是自己的至親家人的話。將有如命令般的完全吸收到你的內心，進而影響到孩童或青少年的你怎樣看待自己。故你這時期的自我形象，多半會受到成年人的影響。

因此，整理你生命中的關鍵事件，並且按照時間前後順序排列，並指出最具正面影響的事件，和最具負面影響的事件。再從當中問自己以下的問題：

「當時自己的情緒感受是什麼？」

「當時自己是否對該事件做出解讀，甚至對自己的生命價值做出批判？」

「該事件對自己形成哪些的『內在誓言』？」

「該事件是否已經影響到自己的現在生活？」

透過回答上面的問題，你便能夠檢查該事件對於你個人自我形象的影響。

例如，筆者在小時候，大哥曾經對筆者怒吼：「你是個書呆子、手無縛雞之力的書生。」結果筆者就聽進這一句話，並且烙印在腦海中，這成為筆者的內在誓言。這句話督促筆者成為一個讀書人、沒有其他能力的人，來實現大哥的話語。因此筆者便會表現出，死讀書、不愛運動、不懂生活，要考國家考試，來印證其大哥他曾經說過的這句話，自然也形成筆

者的負向自我形象。

　　後來，筆者和交往五年多的女朋友分手，女友不久後就嫁給別人。面對這件事情，筆者感覺到非常生氣，非常痛苦，很受羞辱，覺得自己很沒有用，甚至認定女生都非常現實。筆者便對自己說：「筆者不好，筆者不是個好人，筆者是一個爛咖。」筆者負面的自我形象，便在羞愧的情緒糾纏中，採取自殺的舉動。

　　在這時，筆者後來透過教會朋友的幫助，開始反思自己，並且讓思緒重回分手事件的現場。筆者於是能夠對自己說：「女友沒有選擇筆者，不是筆者不好，而是雙方並不合適。」因此這個事件就沒有形成筆者的負向自我形象。筆者便可以在重新檢視自己以後，對自己說：「筆者需要重新振作，重新站起來。」筆者選擇重拾書本，努力讀書，考取研究所，後來取得博士學位，過一個完全不相同的正向人生。

第二節　接納自己

　　在認清「我為什麼是我」之後，再來就需要喜歡自己，喜歡這一位獨特專屬的自己。

一、喜歡自己

　　歌德說：「一棵樹上很難找到兩片一樣的葉子，一千個人中也很難找到兩個人在思想情感上完全相同。」切記，世界上每一個人都是獨一無二的，世界上並沒有另外一個你。因此，一定要欣賞你自己，欣賞上帝獨特的創造。你無須迎合別人的眼光，被迫改變自己，也無須自誇、自視過高；更無須自卑、自視過低，而是需要看自己看得合乎中道，力求內在的心意更新而變化，喜歡自己。

　　若你已經具有正面的自我形象，看待自己十分正面且積極，進而在行

爲上表現出積極進取、勇往直前的動力。你自然容易和別人建立起親切的人際關係，容易建立厚實的人脈，這有助於你建立穩固的事業版圖，和美滿家庭，你要繼續保存。

相反的，若你經常抱著負面的自我形象，看待自己十分負面且消極，進而在行爲上表現出消極退縮、自卑退後的態度。出現退縮、易怒、暴力傾向，容易對外在事物敏感等行爲。你自然不容易和別人和平相處，不容易建立穩定的人脈關係，進而會明顯傷害你的事業發展，和家庭穩定。那麼，你要力求改變，因爲基本上，自我形象是你個人主觀的認知，因此你能夠直接改變它。

二、接受自己

在工作上接受自己，喜歡全部的自己。讓你眞實的和自己對話，然後在工作上盡情的揮灑自己。這是必須要的，因爲這是職場軟實力的基礎。

泰戈爾說：「我希望你照自己的意思去理解自己，不要小看自己，被別人的意見引入歧途。」這提醒你需要先接納自己。再說一次，要接受眞實的自己，喜歡全部的自己，眞實的和自己對話，活出眞實的自我，這是完成任何事情的基礎。讓你眞實的接受自己，在職場和生活上建立自信。請看以下筆者內心的自我對話與如何接納自己：

「在這個世界上，都沒有人要理我，我都沒有朋友，
我好想要有一個人喜歡我，我好想要有一個人欣賞我，
這樣我在工作上就可以成功、快樂了！
我好想要在工作上找到成功、找到快樂喔！
我眞的很想要，可是：
到底成功和快樂在哪裡呢？

我要怎麼樣才能夠在工作上找到成功和快樂呢？

在這個世界上，哪裡有工作成功、快樂的祕訣呢？

如果我找到它，那我不就可以在工作上又成功又快樂了。

嗯，對了，我可以做一件最快樂的事情，那我不就可以快樂了嗎！

可是，什麼才是最快樂的事情呢？

是買跑車嗎？是開飛機嗎？是當董事長嗎？是賺大錢嗎？

我一定要知道在工作上成功和快樂的祕訣。還有，

為什麼我什麼都不會，為什麼我有這樣的老闆，這樣的同事，

為什麼我長得這麼瘦，為什麼我長得這麼醜，

我討厭我自己，我恨我自己，我氣我自己，是我不好，我是個爛人！

我討厭你們，我恨老闆和同事，我氣這個社會，是你們不好，你們都是壞人！

但是，這個世界上，一定有人愛我的。是上帝，祂會花上這麼多的心思，創造我的眼睛、鼻子、耳朵，我是上帝用愛心特別創造出來的！

我是上帝創造的，我是特別的，我怎麼以前都沒有想過，我是最特別的。

在工作上我是最特別的！我是最特別的！」

這天早上筆者就用安靜的坐下來，對自己的內心不斷說：「我就是我自己，澤義就是澤義，澤義就是澤義自己。」

筆者繼續想，在工作時，澤義他就是澤義嗎？回到家中時，澤義就是澤義嗎？和朋友在一起時，澤義他就是澤義嗎？

這樣想會讓筆者感覺到，筆者不需要向其他人證明什麼事情。澤義就是澤義，澤義是完全自由的，澤義是全部的自己。

筆者的內心得到解放，筆者不需再落到要證明自己的壓力鍋當中。

筆者接受他原來的樣子，就像上帝當初創造的那個模樣，就算是在別人面前丟臉時，在上帝的愛中筆者也記得保持住這個自我，找到生命之光的鎖鑰。

第三節　珍愛自己

看看自己，接納自己之後，你就需要珍愛自己。因為你需要重建已經破損的自我形象，和建立並保護正面的自我形象。你若能正面思考，你必然就會發現，每一朵小花，都有它獨特的風采。你也就能夠寶貝你自己，珍愛自己的獨一無二。說明於後：

一、重建破損自我形象

重建已經破損的自我形象，在溝通時需要經歷自我察覺、自我覺醒和自我改變的三個階段。說明於後：

1. 自我察覺

自我察覺（self-awareness）是你感覺到需要修補負向自我形象，願意勇敢面對過去痛苦記憶的感受。這是一種意志上的堅定勇氣，因為面對過去的傷痛，會觸動情緒引爆的開關，這是一個心靈上的冒險。在善加引導和處理下，自我察覺會開啟你生命成長的泉源。

自我察覺需要用心體會，因為負面想法和意念通常不容易捉摸、察覺，它往往是瞬間閃過、稍縱即逝的。若你能夠自我察覺到自己腦海中，有意義的負面想法，體會它的存在並掌握到腦中出現的負向想法，就能開啟重建你個人破損的自我形象的第一道按鈕。

例如：筆者留意他常態性的胸悶時，腦海中浮現的念頭；或是規律性的肚子痛的時候，自己心中出現的想法；以及經常性的頭痛或失眠時，腦

海中所出現的念頭，然後進一步認定這個想法或念頭，竟然都和某一個事件密切相關。

　　現在給自己兩分鐘的時間，先是大口吸氣，讓自己的意念更加清楚。進而感覺並體會到自己在過去這一天當中，自己在掛心什麼事。要留意或傾聽自己所說出的話語，看看這當中是帶著擔心害怕、憂愁煩惱、生氣報復的負面情緒比較多；還是帶著開心歡笑、快樂滿足、喜愛溫馨的正面情緒比較多，這就是自我察覺。

2. 自我覺醒

　　自我覺醒（self-awake）是探索你個人破損自我形象的生成根源，自己醒悟過來，看出自己負向自我形象背後的根源。這是透過回想你個人過去的生命故事，記錄事件發生當時的內容細節。記下當時自己的言語和想法，以及當時的感受，進而尋找重建破損自我形象的機會。

　　若你個人已經自我覺醒到自己的內在誓言，並且認定這是形成負面自我形象的根本原因，便已經開啟重建你破損自我形象的第二道按鈕。

　　這時切記，不要只停留在自我察覺中，而是必須要努力再向前邁進。理由是你自己若愈關注這些負向內在誓言，便愈會長出更多的負向思想，落入負向自我形象的漩渦當中，難以自拔。因為自己的內心關注什麼，自己便會長出什麼，這是**阿特金森**（Atkinson）提出的「**吸引力法則**（law of attraction）」的運作。這時候需要進行下面三個步驟：

　　(1)現在大力吸一口氣，給自己一點新鮮空氣，直到自己感覺到並體會到自己已經厭煩，厭煩過這種一而再，再而三，讓自己生氣和發怒的日子。

　　(2)進而醒悟到就算自己生再多的氣，也只是會對自己製造出更多的生氣環境，使自己掉進一直在生氣的深淵當中；同時也覺悟到一件事實：

其實自己的問題仍舊在那裡，它並沒有消失。要勇敢面對自己負面的「**情緒黑狗（black dog）**」。也就是面對因為錯誤的負面想法，所引起的一連串的負面情緒感覺。

(3) 最後，就是從心中生起一股力量，用正向思考來面對，然後你便可以進入到第三個階段，自我改變。

3. 自我改變

自我改變（self-change）是你自己開始改變內在的心思和意念。是改變自己的思想方式、說話方式、認知方式，和面對內在誓言的方式。這時候要恭喜你，因為你已經啟動重建自我形象的第三道按鈕。因為要形成外在的正向自我形象，需要先改變內在的思想意念。

自我改變就像是整理自己的思想意念，這好像是大掃除一樣，整理搬動桌椅廚櫃，這會惹起一些灰塵。改變自我形象，需要先打碎內在誓言，挪移舊有思維，打掃內心房屋。就一個房間，一個房間的搬動物品，清掃灰塵，清洗地面。然後灑下清潔劑，使用清水洗刷地面。也就是用正確思維，重新移入並灌進心中。

例如，筆者察覺到自己容易在事情還沒有發生前，就開始緊張，將自己搞得神經兮兮，也沒辦法享受當下的快樂。後來，上帝啟示筆者，筆者感覺到自己實在是一位會未雨綢繆，事前準備周到的人，這是負責任的，是很好的。只是不要過分緊張，因為過分緊張不僅於事無補，反而會添加身心負擔，導致容易出錯。於是筆者開始自我整理，建立新思想，並對自己說：

「澤義你做得很棒。」

「事實上，澤義已經表現很好了。」

「這一切真的沒有什麼大不了的。」

　　筆者逐漸學習放鬆全身，不再變得過分緊張，開始會微笑、會放下、甚至會大笑，能夠開始自我解嘲，筆者開始改變了。

二、自尊是自己的責任

　　基本上，自尊是自己的責任。首先，你需要自己思考：

1. 為自己思考

　　一項關鍵的事實是：「你已經長大，是成年人了。」在上帝的光中，你可以自己做主，決定要怎樣合理看待別人所說出來的每一句話。也就是學會做成「為自己思考。」

2. 為自尊負起責任

　　一個關鍵事實是：「若沒有經過自己同意，沒有人可以隨便貶低你。」因為這是你的基本人權，不管別人對你說一些什麼話，自己都有權利決定：「我要不要接受它，要不要認同它，甚至是成為別人說出來的這個樣子。」因此，只要你已經年滿二十歲，是個法律上擁有選舉權的成年人，就要為日後的自我形象，負起百分之百的責任，為自尊負責任。

　　當然，嘴巴是長在別人的臉上，別人自然可以說一些你中聽的話來討你開心，對方當然也可以說一些你不中聽的話來惹你生氣。但是，只有你自己可以決定，要不要接受對方的話；還有要怎樣回答對方。

　　透過回想你自己的生命故事，記錄當時事情發生的事件點滴，記錄當時你的態度和想法的轉變過程，事件部分細節，和對你當時造成的感覺。這可以探索出你自己的自我形象破損的根源，進而找到重建正向自我形象的契機。因為自覺是進步的開端。

　　換句話說，蒐集自己生命中的重大事件，並且按照時間先後次序排

列，包括最具正面影響的事情，最具負面影響的事情，和最使你快樂或傷心的事情。再從這當中問自己：當時的情緒感覺是什麼？是否對這一個事件做出解讀，告訴你自己對自己生命的看法？這個事件對自己是否形成一些「內在誓言」？這個事件是不是影響到現在你的生活表現？透過回答上面的問題，便能夠看出這個事件對你自我形象的影響。

在看看自己、喜愛自己，和珍愛自己之後，你便可以重新燃起職人生活的熱情。

第九章　晚餐時光

抱著愉快的心情，回到家中，

期待著跟家人一起碰面，這是最美好的時光，

晚餐是你和家人一起用飯，閒話家常的片刻，

在這當中，你述說辦公室中的大小事情，

還有朋友同事的大小八卦，

當親愛家人聽得津津有味，也巧妙趣味地回答你時，

你就在享受溫暖親情，樂享天倫了！

第一節　分享交流

你和親愛家人溝通交流的品質是通往美滿的敲門磚，快樂生活的著力點就是你的溝通力。換句話說，你和家人在建立關係、強化關係，和維護關係時，需要表現溝通力。避免由於對話方式的不協調，發生衝突，甚至衝撞對方，形成關係破壞，而必須花費很多心力在修補關係上面。下班後和親愛家人溝通場景就是在晚餐時光。

溝通有兩大狀況：平時的一般狀況和戰時的特殊狀況。在平時的一般狀況，雙方的日常對話，使用「PAC交流分析」可以有效改善溝通效率；在特殊的戰時狀況，特別是家人遭遇到傷心難過和挫敗事件時，「同理心溝通」便可以派上用場，逐步進入他們的內心，進行有效溝通。

首先，溝通中的**對話**（dialogue）一字，實際上是「dia」和「logue」的合體字，其中「dia」是指穿透，而「logue」是源自於「logos」的字形，指字面意義的本身。因此對話是需要穿透雙方說話的字面表層意義，

進入內心的深層交流，這是雙方溝通對話交流的基本意義。

溝通對話需要先聆聽，在餐桌上傾聽對方說完話之後，接下來就是你說話，表示自己意見的時刻。最重要的是謹慎言語，重點發言。要發揮言語的影響力。因為「生死是在舌頭的權下，喜愛它的必吃它所結的果子。」

若是想要在溝通交流上，形成順暢溝通，產生溝通交流的快樂，**恩里貝能**（Eric Berne）的**PAC交流分析**（PAC transactional analysis, TA）就非常合用。

PAC交流分析很像是兩個人打桌球、打羽球，或是打網球。在說話時是一來一往的說話，並且是有來有往的回應，呈現有規律的輪流說話，同時是有規律的輪流傾聽。這時需要合適的對話規則，好像道路交通規則，要求用路人遵守一樣。這樣才能確保溝通對話的通暢，產生溝通交流的快樂。PAC交流分析好像是溝通高速公路上的交通規則，車輛駕駛人需要透過適當練習，來達成有效的溝通對話，同時避免溝通撞車，這是雙方快樂溝通對話的必要規則。

一、三種交流身分

根據PAC交流分析，一個人表達自己意見時，按照說話口氣的壓制性高低，可以分成三種位階，分別是代表父母、成人、兒童的三種身分。至於PAC的說話角色，則是透過父母（parent, P）、成人（adult, A）、孩童（child, C）的三種對話角色扮演，所形成的九種對話的交叉組合。PAC交流分析具有三種對話交流身分。說明於後：

1. 父母的身分

「**父母**」的身分角色，是一個人使用長者或權威人士的優越感身分，

用高姿態位階來和對方說話。這時個人在說話時，是根據個人主觀印象，站在高處位置來說話，表現出獨斷獨行和強勢掌控的氣勢。至於父母身分的說話方式，可以分成三種子表達形式，說明於後：

(1) 父母對父母（P對P）：這時是表現出父母對父母般的老成持重。例如：「現代的年輕人都不懂事，都很沒有禮貌。」

(2) 父母對成人（P對A）：這時是表現出父母對成人般的倚老賣老。例如：「小老弟啊！聽我的勸，我走過的橋，比你走過的路還要來得多。」

(3) 父母對兒童（P對C）：這時是表現出父母對兒童般的命令權威。例如：「不准再玩耍，快點念書，馬上就去。」

2. 成人的身分

　　「成人」的身分角色，是一個人使用理性溝通的方式表達意見，用平輩位置說話，和對方對話，表現出說理論證的架式。至於成人身分的說話方式，可以分成三種子表達形式，說明於後：

成人對父母（A對P）：這時是表現出成人對父母般的恭敬尊重。例如：「請你退開，不要管我這件事情，好不好。」

成人對成人（A對A）：這時是表現出成人對成人般的理性思辯。例如：「根據最新統計資料顯示，臺灣每三對的新婚夫婦，就會有一對夫婦是以離婚收場，值得關心。」

成人對兒童（A對C）：這時是表現出成人對兒童般的命令下達。例如：「現在給我馬上回家，因為時間已經到了，你再也沒有理由留下來。」

3. 兒童的身分

「**兒童**」的身分角色，是個人使用天眞無邪的溝通方式表達自己意見。說話位置是用低姿態位階說話。至於兒童身分的說話方式，可以分成三種子表達形式，說明於後：

兒童對父母（C對P）：這時是表現出兒童對父母般的撒嬌要賴。例如：「你一定要讓我買這一件衣服，拜託、拜託嘛，好不好嗎？」

兒童對成人（C對A）：這時是表現出兒童對成人般的投機取巧。例如：「媽媽說我可以晚點回家，只要我有先打電話回家報備就可以。」

兒童對兒童（C對C）：這時是表現出兒童對兒童般的天眞無邪。例如：「讓你繼續玩，繼續玩，就是愛玩啊，耶耶耶！」

使用上面的三種角色，和他人進行溝通交流，就是「交流分析」，可分成互補式交流和交錯式交流兩種子形式，說明於後：

二、互補式交流

互補式交流（complementary transaction）是個人的意見表達方向，和對方的意見回應方向中間，就是刺激和反應的流動路線，呈現出「平行式」的互補形態。這時雙方的交流動線保持暢通，並沒有出現相互衝突和衝撞交錯的情形，是相對優質的溝通互動方式。以下列舉四種常見的互補式交流形式：

1.（P 對 C）和（C 對 P）

若一方用父母對兒童（P對C）的權威命令型態說話時，另一方若用兒童對父母（C對P）的順命服從姿態回應，就會形成PC對CP的互補式對話交流。這時由於一方用長者位階說話，另一方則順應用孩童位階回話，就會形成互補式的順暢交流溝通形態。如以下對話：

P對C發訊：「這件事情沒有完成，該當何罪？」

C對P回訊：「是的，小的罪該萬死，甘願受罰。」

P對C發訊：「還不快點給我拿著包包。」

C對P回訊：「老佛爺吉祥，喳，奴才接旨！」

P對C發訊：「這是你的責任，你忘記了嗎？」

C對P回訊：「是的，老婆大人，小的這就去辦。」

P對C發訊：「你什麼都會丟，你到底什麼東西不會弄丟！」

C對P回訊：「老婆大人，我丟掉很多東西，但是我絕對不會把妳弄
丟的。」

2.（A對A）和（A對A）

若一方用成人對成人（A對A）的理性分析型態說話時，另一方用成
人對成人（A對A）的理智應對形式回應，也會形成AA對AA的互補式對
話交流。如以下對話：

A對A發訊：「我相信你能夠完成這件任務。」

A對A回訊：「是的，如果沒有意外的話，我一定可以完成它。」

A對A發訊：「我想，現在你必須先坐下來，好好談談。」

A對A回訊：「對啊，只有心平氣地和把話說清楚，才能真正解決問
題。」

> A對A發訊：「根據報紙，最近油價電價都上漲，老百姓的日子更加
> 難過。」
>
> A對A回訊：「沒有錯，什麼都漲就是薪水沒漲，也難怪老百姓這些
> 日子都怨聲載道。」

3.（C對A）和（A對C）型

若一方用兒童對成人（C對A）的低位階說話撒嬌時，另一方則用成人對兒童（A對C）的理智照管型態回應，也會形成CA對AC的互補式對話交流，同樣可以形成順暢溝通。這類型的交流經常會發生在夫妻、同事間的溝通。如以下對話：

> C對A發訊：「幫幫忙，我快不行了，只有你能夠幫助我！」
>
> A對C回訊：「沒有問題，這一件事情就包在我的身上，你得救了。」

> C對A發訊：「人家不管啦，我就是要它，我就是喜歡這個東西嘛！」
>
> A對C回訊：「好了，寶貝，看在你這麼喜歡的份上，買給你就是了。」

4.（A對P）和（P對A）型

若某一方用成人對父母（A對P）的理智語調說話時，另一方用父母對成人（P對A）的監督性防範和控制型態回應，這時就會形成AP對PA的互補式交流對話，也會形成順暢交流。這類型的對話在夫妻、上下級、同事間，都經常會發生。如以下情形：

A對P發訊：「來，幫我看一下地圖，我想我快要迷路了！」

P對A回訊：「沒有問題，這裡我很熟，你不會迷路的，不過，我還是先看一下衛星導航定位。」

A對P發訊：「這件事情，可能需要先請示主任的意見？」

P對A回訊：「我想也是，這事不能草率決定，你一起到主任辦公室走一趟。」

　　由於發言刺激和回應反應的對話交流路徑，是呈現出相互平行的交流狀態，並沒有產生相互交叉和與彼此交疊的情形，故會產生順暢式交流溝通結果，達成互相分享的快樂。就有如「一句話說得合宜，就如金蘋果在銀網子裡。」這個合拍實在是甜美無比的。

5. 互補式交流的經驗

　　互補式的溝通對話交流達成美好的交流體驗，形成身心舒爽的快樂效果，實在值得經營。例如以下對話：

　　工作忙碌一整天，覺得超級疲累，在家門口前的巷子口，筆者看到愛妻，便說道：

　　「我好累，整個人快癱掉，我的腳好痠好痠，我走不動了。」筆者不自覺得對愛妻撒嬌。

　　「好可憐哦，瞧你累成這個樣子，來，我扶你一把，回到家裡，先給你捶捶背，馬殺雞一下。」愛妻使用成人對小孩般的說話，張開雙手回應筆者的需要。

　　「等一會兒我要抹那個精油油。」筆者還是像孩子般的向母親要東要

西。

「那有什麼問題，馬上給您伺候。」愛妻使用父母溫柔回答孩子般的回應著，由於溝通順暢，加上精油按摩，這使筆者感到十分的舒爽。

就在筆者感到休息許久，抹完精油，也洗個熱水澡，躺在沙發上閉目養神過後，元氣恢復過來。愛妻才把身子靠過來說：

「老公，你知道明天是什麼日子嗎？」愛妻像孩子般的對筆者撒嬌，

「嗯，先別說，讓我來猜一猜。哦，明天是你重新上班的週年紀念日，這真是值得大大的慶祝一番。」筆者以一種國王般的口氣宣布這個結果。

「那你要怎麼樣來慶祝呢？」愛妻仍然孩子氣的來說話。

「先一起在好口味餐廳吃午餐，然後，一起去土城玩，賞油桐花，好不好？」筆者好整以暇的慢慢說出計畫，好像慈祥父母哄孩子般的溫柔說話。

「好耶，一起去好口味餐廳吃午飯吧！」愛妻興高采烈的回應著。

「太棒了！」筆者也高興的附和著。因著筆者和愛妻之間互補式交流溝通的順暢，故能夠享受美好的生活時光。

互補式交流就像是打乒乓球一樣，在雙方說話一來一往當中，掌握的恰到好處，就會像是跳雙人芭蕾舞般的舒服、合拍、美麗，這就是合拍溝通的快樂，在晚餐時光中結果就是笑聲連連。

三、交錯式交流

　　交錯式交流（crossed transaction）是一方的意見表達方向，和對方的意見回應方向之間，就是發言刺激和回話反應之間的交流路線，發生相互「交叉」的交錯形態。因此發生交流中斷的對話衝突，或是交錯糾結的情形。換句話說，說話的人和聽話的人之間，對話方式若是形成交錯交流，

就會失去控制。產生好像是高速公路發生車禍，汽車群連環碰撞，哀鴻遍野。這就是相對劣質的溝通交流互動情形，應該盡量避免，舉以下三種常見對話形式來說明：

1.（P 對 C）和（P 對 C）型

若一方用父母對兒童（P對C）的高位階姿態，用命令式溝通型態說話時，另一方用父母對兒童（P對C）的高位階指責式口吻來回應，這時雙方就會形成PC對PC的相互交錯式對話交流。由於一方採取命令式口吻而另一方並不服氣，也採用相同口氣回敬對方。雙方都用高位階的掌控式意見說話，這時就會相互衝撞，使得溝通交流的對話過程發生撞擊而中斷。這種溝通情況經常會出現在上級對下級、父母對子女間、丈夫對妻子間，如以下對話：

> P對C發訊：「快點給我去洗澡，你沒有看到我現在要洗衣服嗎？」
> P對C回訊：「你沒有看到我現在正在讀書嗎？我現在沒有空洗澡。」

> P對C發訊：「電視機的聲音開太大聲了，給我關小聲一點。」
> P對C回訊：「要你管，電視機我愛開多大聲就開多大聲。」

2.（A 對 A）和（P 對 C）型

若一方用成人對成人（A對A）的理性分析型態說話時，另一方卻用父母對兒童（P對C）的武斷式口吻回應，這時就會形成AA對PC的交錯式交流對話，同樣會導致溝通的中斷，然後雙方很可能會開始言語漫罵，相互傷害。這在上下級、同事、夫妻、兄弟姐妹中經常會發生。如以下對

話：

> A對A發訊：「我告訴你，家裡現在的開銷很大，你能不能就少花一
> 　　　　　　點錢，不要買這一支手機。」
>
> P對C回訊：「你不可以管我，我就是一定要買這支手機。」
>
> A對A發訊：「請你去倒垃圾，待一會兒有客人要來，家裡面有垃圾
> 　　　　　　的味道，這樣對客人很沒有禮貌。」
>
> P對C回訊：「叫弟弟去啦，我現在很忙，沒有空倒垃圾。」

3.（A對A）和（C對P）型

　　若一方用成人對成人（A對A）的理性分析語氣說話時，另一方卻用兒童對父母（C對P）的低位階感情撒嬌式口吻來應對回應，這時會造成AA對CP的交錯式交流，導致溝通中斷。這在上下級、同事間、父母子女間、夫妻間也經常會發生。如以下對話：

> A對A發訊：「我告訴你，家裡現在的開銷很大，你能不能就少花一
> 　　　　　　點錢，不要買這一支手機。」
>
> C對P回訊：「人家不管啦，人家就是喜歡，喜歡這款的手機。」
>
> A對A發訊：「現在，爸爸躺在醫院，需要有人照顧，我看，我和你
> 　　　　　　輪流照顧爸爸好嗎？」
>
> C對P回訊：「不要叫我，這不關我的事，我不會做這件事的。」

　　由於表達刺激和回應反應的對話交流路徑，是呈現出相互交叉式狀

態，而非平行式順暢狀態，故會產生意見錯亂般的溝通混淆，導致溝通阻擾，甚至溝通中斷、惡意漫罵的苦果，產生不快樂的情緒和緊張的關係。

4. 交錯式交流的經驗

交錯式的溝通對話交流造成痛苦的交流體驗，導致身心緊張的衝突結果，需要盡量避免，來做到溝通分享不撞車。

總之，在交流對話方面，個人對生活的感受，某一層面會表現在對他人的交流對話品質上，這是促成幸福溝通的踏板，也是做自己人生CEO的敲門磚，因而形成個人的有效溝通力。簡單說，個人想要和他人建立關係、強化關係，和維護關係時，需要展現溝通力，避免由於交流對話方式的不協調，發生衝撞衝突，甚至破壞關係，這是沒有智慧的舉動。

第二節　同理對方

在正常的PAC交流外，當碰到特殊事件，例如，被老闆罵、考績很差、工作挫敗、突然生病、發生車禍、被甩失戀、考試落榜等意外事件時，就非常需要使用同理式溝通。同理式溝通可用來引導對方說出沒有說出來的心裡話語、想法、情緒、心情，和感受。這時候你需要敏銳對方的感受，透過同理心，將對方的心聲說出來。這種感同身受的溝通，能夠獲得對方的尊重和信任。

同理溝通（empathy communication）是你用對方的角色立場，站在對方的角度，用傾聽為開啟，使用合適的同理行動。在心態上感同身受，了解對方的內心感受，和對方站在同一陣線。進而將關懷分享出去，達到愛心同享的結果。例如，孩子在學校被同學霸凌，父母在家中做好同心溝通，願意專心傾聽。了解孩子心聲，感同身受到孩子的驚恐。孩子也能感受到父母親的關心、愛護、心疼他們。

　　同理對方包括感受對方的情緒、移轉自己的角色，和進入同心共情三個子步驟，說明於後：

一、感受對方情緒

　　感受對方情緒就是「有情」，是用心感受的傾聽對方：

　　感受對方情緒是「用心、用情，感受對方情緒的傾聽」。你需要用心感受，感受傾聽對方的情緒流露。專心聽、用心聽、用情感來聽、有情感的聽出對方的情緒走向，和真正的需要。當你願意用心感受對方的情緒，就表示你願意關心對方活生生的這個人，對對方這個人現在所經歷到的事情，抱持著濃厚的興趣。這樣你才能夠真正的關心對方，專心「聽」出對方現在到底發生什麼樣的事情，和現在的情緒狀態。也就是你用一個「專注且聽心」的態度，逐漸進到對方主觀的情感世界當中。

　　有情的傾聽態度需要清楚呈現，有幾種有用的感受方式：

1.邀請對方繼續說話

　　用心感受中，基本的方式是邀請對方繼續說下去，鼓勵對方繼續說話，不要中斷，來表示你想要多知道一些，想要多了解這件事情，發展的來龍去脈。例如：

　　「然後呢？」「還有呢？」「再來呢？」

　　「現在情況是怎麼一回事？」

　　「這件事情後來怎麼發展下去呢？」

　　「現在請你一定要告訴我，那邊到底是發生什麼事？」

　　「情況到底怎麼了，你真正的需要是什麼？」

　　「不是這樣的喔，看你眉頭深鎖、悶悶不樂，到底發生了什麼事情？」

2. 表示個人的位置

用心感受中，落實的方式是表示我們現在所在的位置，來支持對方繼續說下去的心情。例如：

「我很想知道你今天上班中所發生的事情。」

「我對你心中上下起伏的心情，很有興趣。」

「我現在就活生生的站在你的前面。」

「我就待在你身邊，一直陪著你，等著聽你說說工作上的委屈。」

「我想要知道你在工作上，心中的真正想法。」

3. 專注傾聽

用心感受中，增強的方式是需要做到**專注傾聽**（intensity listening）。你專注在對方的情緒展現上，發現對方的情緒流露、辨識情緒種類。做到讓對方覺得你願意專心聽，聽他把話全部說完，然後才提出你自己的想法。例如：

「由你說的話聽起來，你似乎很掛心這一件事情。」

「聽起來你有些不耐煩，因為你希望這件事情，有人出面關心。」

「聽起來你很擔心，因為你以為這樣下去一定會出事。」

「在這個時候，我相信你一定很擔心他現在的安危。」

「你現在感到很害怕，覺得在辦公室中沒有人保護你，對嗎？」

「所以，你覺得很不公平，你需要有人出來主持公道。」

「我感覺出來你有一點緊張和害怕，你害怕自己在工作上表現得不夠好。」

「你看起來很失望，你看重工作能夠準時做完，不是嗎？」

4.宣告合作的意願

用心感受中，高階的方式是宣告雙方的合作意願，你向對方發出善意，願意共同努力，來承擔這一件事情，同時鼓勵對方續續把話說下去。例如：

「讓我們一起找出可以滿足你心中需要的方法。」

「讓我們站在一起，共同把這一件事情做好。」

「讓我們一起來做點事，使你的工作變得更好。」

只有在有情的傾聽與感受中，你能夠開啟和對方的內心對話，聽出對方最近發生的事情，並且過濾對方的個人評斷。進而感受到對方的真實情緒和需要，同時過濾對方的個人想法，和連帶產生的指責聲調。你接得住對方所提出的幫助請求，並且不被對方的命令口氣所激怒。你能給予真心的回應，完成有情傾聽。記得：「回答柔和，使怒消退；言語暴戾，觸動怒氣。」你只有透過感受情緒，才能做到真正的同理對方，這是建立深層人際關係的鎖鑰。

二、移轉自己角色

移轉自己角色就是「移情」傾聽，就是你轉移自己的情感到對方身上，用換位來思考。也就是「傾聽加上辨識」，轉換立場，進行角色移情。你開始站在對方的角度來思考，做到感同身受。移情傾聽包括三種形式的轉換，就是角色轉換、同理心轉換，和情感移入轉換，說明於後：

1.角色轉換

當你站在對方的立場來看事情時，就表示你願意先放下自我優越感的地位，把對方現在真實發生的生活經驗，直接傾倒在自己的思想中。去想像若是自己有著和對方，一樣的成長背景和生活體驗時，是不是也會這

樣做。你甚至會接受對方這樣的做法是對的，進而認同、接受對方這一個人。

　　換句話說，這時你是透過「換位思考」的角色轉換，傾聽並體會對方的心情、感動、情緒，和感受。你把你自己想像成對方，想像自己是基於哪種心理，基於哪種環境條件，才會發生這種做法，進而啟動這個事件。這時你若是能夠完全換位，站在對方的角度來思考。並且感同身受，抓住對方真實的心情，你一定能夠踏進對方的內心，這會給對方強烈安全感和高度信任感。使對方願意卸下心防，和你分享內心的秘密。從此你就能夠聽到對方的心聲。這樣一來你便能夠和對方同心，建立深度的人際關係。

2. 同理心轉換

　　在同理心轉換時，你需要確認下面幾個問題，包括對方看到什麼？對方聽到什麼？對方真正的想法和感覺是什麼？對方說一些什麼話、對方做一些什麼事？對方的痛苦是什麼？對方會得到什麼好處？這六點就是同理心的六個層面，是**同理心地圖**（empathy map）的內容主體。

　　(1)**對方看到什麼**：描繪對方在他所在的環境中，他所看到的一切。包括報章雜誌、實體市場、廣告看板、媒體網路、親朋好友（Line和臉書）、寰宇世界等提供的訊息。

　　(2)**對方聽到什麼**：描繪對方在他所在的環境中，他所聽見的一切。指外在環境怎樣影響對方。包括父母說的話、配偶說的話、朋友說的話、上司說的話、同事說的話、競爭對手說的話、其他重要人士說的話等。

　　(3)**對方真正的想法和感覺是什麼**：試著描繪出在這種情況下，對方內心世界的真實想法。包括真正重要的事情、心中最關切的事情、最感到憂慮、不解，和擔心的事情、心中最渴望的事物等，以及從當中所產生的內心想法和感覺。

(4) **對方說一些什麼話、對方做一些什麼事**：想像對方可能會說一些什麼，會做一些什麼，也就是對方當時可能會有哪些行動。包括對方的外表和穿著、在公眾場合中的發言、在重要場合中的態度、對待他人的行動等行為。

(5) **對方的痛苦是什麼**：感受一下對方的痛苦，可能是擔心事情的發展無法控制、害怕某些事情會發生、令他困惑的事物，或面對橫亙在前面的阻礙等。

(6) **對方會得到什麼好處**：感受一下對方獲得哪些好處，包括有形和無形的利益。可能是某些想要取得的利益，或是需要獲得的利益。這些利益是對方眼中所看重的成功嗎？或是仍然有一些障礙在當中，它們是什麼樣的阻礙。

3. 情感移入轉換

在移情傾聽時，你要發揮有效傾聽力，不僅要傾聽言語字句的本身，而且要超越話語背後的情感層面，也就是要傾聽出對方的情感波動，這就是情感移入轉換。因為真正的訊息，通常是話語背後的情緒感受。因此，你要傾聽對方的話語、聲音、手勢、經驗、行為等身體語言。若對方覺得在情感上被你支持和了解，對方便會在內心感受到被關愛、被觸摸。因此當你用情感傾聽對方，並且用情感和對方接近時，你便能夠直通對方的內心情感。了解對方的情感內涵，形成情感移入傾聽。

你需要先問自己：「對方的這句話，在他的心情上發生了哪些撞擊？」

當你開始用情感來思想對方說話的內容，以及對方這時候的心情時。你便是已經站在情感傾聽的大門口，能夠很快抓到對方說出這一句話他的真正用意。你聽出他的心情，他的感動、他的情緒。

　　例如，當你看見對方額頭深鎖，然後聽他慢慢的說出：

　　「我覺得大學畢業生不該只能領28K薪水，我認為他們不應該跑到東南亞地區去打工。」

　　這時對方的心情多半是：「我很擔心臺灣現在大學生的競爭力，也擔心東南亞國家的經濟發展比臺灣快速。」

　　這些超越外在言語的感動，會直通對方的心情和情緒。

　　這時，你若能夠「聽見」對方的心情感受，便能夠用自己的感覺，來迎合對方的感動，準備移情，就是你向對方說：

　　「哦！我看得出來，你真的很不快樂（或其他情感語句）！」

　　這時，若你能夠進一步試著向對方說出下面的對話：

　　「我知道你的感受！因為你是我最要好的朋友。」

　　這樣的溫柔話語，能夠使對方感覺到，有人在關心他。就能強化情感移入的腳步，進到直通對方內心的同心共情。

　　同時，你也可以試著探索自己的內心，去問自己：

　　「現在對方覺得怎麼樣呢？」

　　透過這樣短短的一句話，你便可以檢驗情感移入傾聽的成果，看出對方內心的感動。你再啟動自己的情感，來觸動對方的心房。你便能夠做到感同身受，在情感上和對方站在同一陣線上。

　　這時，你的內心便會湧出許多感覺，如泉水般湧流出來。你便可以開始觸碰對方的情緒（例如：擔心、害怕、緊張、痛苦、厭惡等）。你也同時進入對方的感覺當中，故你能夠設身處地體會對方的心情，從而自然完成流暢的情感移入傾聽。

　　例如，你自己有感而發，由心底大嘆一口氣，說：

　　「我看得出來，這件事情對你傷害你很大，這件事情使你受到很大的打擊」。並接著說：「我在乎你的感覺，我在乎你現在的不好感受。」

也只有當你了解對方的感覺，才能夠真正面對對方的難題，做好同心共情。

三、進入同心共情

進入同心共情就是「共情」，你和對方共情同心，共同進入對方的情感世界中。這是你說出對方內心的真正情愫，真心並同理對方。

你透過「簡述語意」的共情語言，在傾聽後，簡短表達你了解對方的心情、感動、情緒、感受。來進入對方的內心，深度探索對方的內心世界。並且你接納對方現在的心情，諒解這事件發生後的感受，和這事件背後的因果關係。這時候你是和對方真正的同心合意，你就是要陪對方來面對這個問題。

在同理對方時，你是透過傾聽和辨識的過程，打好同理對方的基礎。這時，你若能夠透過共情對話，和對方進行深度的心靈互動，和對方的內心產生共鳴，達成共情對話。需要將心比心，易地而處，同理對方的心情。因為在對方分享自己（或他人）事情時，多半會引起你想要分享自己事物的慾望。這時你需要學習克制自己，先放下自己的發表慾望，去傾聽對方的經驗。讓對方覺得你是和他站在同一邊，你會和他共同來面對這件事，當對方能夠喘一口氣後，你可以找機會分享自己的事情。這樣的同心共情方式，能夠給對方相當大的安全感，成就同理溝通。

例如：當對方沉迷於網路電玩遊戲時，請你千萬不要直接阻止對方，因為這招一定無效。你需要站在對方的立場，有情、移情、共情，和對方的內心互相對話：

「我學到一件事，就是你已經是電動玩具和網路遊戲的高手了。」

「我也知道打電動玩具和網路遊戲，是你現在所能做的事情當中，做得最好、最棒的一件事情。」

「因爲打電動玩具和網路遊戲，可以好好滿足你心中的成就感、你的需要。」

「你可以告訴我打電動玩具和網路遊戲，會滿足你內心的哪一些需要嗎？」

「讓我們一起來想一想，是不是還有其他更好的辦法，同樣的也可以滿足你的需要，但所付出的代價卻比較小。」

你願意站在對方的立場，就是代表謙虛，願意放下自己的成見和驕傲。透過這樣的有情、移情，和共情的同理對方，能夠讓對方放下武裝，卸除心防，願意和你開始對話。這樣一來，眞正的同理對方和行爲改變才有可能發生。

四、你的心情我懂

總之，同理對方的溝通就是你的心情我懂的溝通。若聽話的人能夠做好同理溝通，就算對方碰到大衝突、大挫折，因爲你的理解，心情也能夠平復下來。例如：

有一天，筆者也不知道是怎麼回事，整個人就是覺得很不對勁，覺得渾身無精打采，病懨懨的。愛妻見到筆者這種狼狽景況，探過頭來問道：

「怎麼樣了，看你氣色很不好，整個人不太快樂。」

「是啊！今天實在是糟糕透了！」筆者回應。

「來！說說看，到底發生什麼事情？」愛妻關心的問著。

「發生什麼事情，發生天大的事情！」筆者回應著。

「我在聽，就在你的旁邊聽你說，發生什麼事情？」愛妻繼續傾聽的問著。

「小張今天很差勁，自己做錯事情，還對我大小聲！」筆者提高音量說話。

「聽起來你感覺很不舒服，覺得自己很受委屈。」愛妻她同理的探詢著。

「豈有此理，自己沒有做好，還推拖責任。」筆者生氣的說。

「聽起來你覺得很不公平！對於這件事情，你很生氣。」愛妻她同理的說。

「對啊，眞是令我生氣。」筆者同時大力摔出一粒枕頭，心裡頓時覺得好爽。

「再說，看你的眼睛，好像還有一些事情沒有說。」愛妻繼續接著問道，試著同理著筆者的內心。

「喔，妳也看出來了，事實上，我好擔心這一件事情被我搞砸。」這時候筆者的話語帶著陣陣的顫抖。

「是怎麼一回事，你能不能多說一點。」愛妻繼續同理著，

「我不知道，我不知道怎麼說。」筆者猶豫著。

「沒有關係，你慢慢說，我就在你旁邊聽你說。」愛妻繼續同理著。

「我好擔心，這一件事情我完全搞砸了，我害怕我做不好，我不好。」這時候筆者的話語帶著陣陣的顫抖。

「怎麼了，今天發生什麼事？」愛妻繼續同理著。

「這一件事情是這樣的……被我完全搞砸了，」筆者一口氣說完這一件事，

「不！不！不！這一件事情跟你完全沒有關係。你仔細想一想，這一件事情根本不是你的事，是別人的事情。不需要你來負責任，而是應該由別人來負責。」愛妻的話語清楚而有力，使筆者茅塞頓開。

「眞的嗎？這不關我的事，我也不用爲它負責任，是我管過頭。」筆者語氣輕鬆，快樂的說。

「對啊！你只是扮演幫忙的角色，事實上，應該負起責任的人是小

張，而不是你！」現在愛妻這麼一說，筆者終於聽懂了。

「唔！唔！」筆者用力的點點頭。

「對了，再提醒你一下，你也不要再罵你自己。」愛妻提醒說。

「事實上，這一件事情做得好與不好，跟你一點關係都沒有，你要把你自己和這一件事情，好好切割乾淨。」愛妻繼續說。

好像如五雷灌頂一般，筆者突然覺得耳聰目明起來，全身重擔整個消除，原來，筆者給自己加上許多沒有必要的重擔。

這時候，筆者他整個人十分輕鬆，全身舒爽，筆者更自由自在的唱起歌，讚美上帝的奇妙大能。

第三節　互相尊重

分享交流，同理對方之外，人與人的溝通還需要互相尊重。這就是**盧森堡**（Rosenberg）所提出的「**非暴力溝通**（nonviolent communication）」，也就是**尊重式溝通**（respected communication）。它是重新校準雙方溝通時的心態，打破我尊你卑、我強你弱的本位思想，到真正的尊重對方。這樣就能夠徹底排除溝通的人為障礙，做到真實的溝通。你從內心尊重對方的「所是（Being）」，因為對方是活生生的一個人（human being）。對方是上帝所創造的人，是某位父母親的兒（女）「所是（Being）」，而不是尊重對方的「所做（Doing）」，只是尊重對方過去的**歷史事蹟**（his-story; personal doing），尊重工作職稱（功名）與社會地位（成就）。

尊重式溝通需要透過從「心」開始溝通，表現在互相尊重的話語上。尊重式溝通不僅是消極上不攻擊別人，更代表積極上的進入對方內心，真實的和他人深度接觸。代表著你和對方之間，建立起相互關係的實際形式。尊重式溝通是你透過真正的聽和說，培養相互尊重。

　　基本上，尊重式溝通包括兩個層面，就是陳述事實和說出感受，分別代表理性和感性層面。說明於後：

一、單純陳述事實

1.陳述事實的意義

　　陳述事實（present the truth）是直接說明當時發生的實際狀況，不加上個人的主觀評價。包括三個層面的陳述事實，說明於後：

　　(1)說明這時和此地

　　陳述事實需要說明「這時和此地」（now and here），具體呈現這個時間和這個地方，所發生的實際狀況。你說出當時有哪些人，並且做出哪些事情。以及當時、當地所看到的實際情形。你需要好像親臨現場一樣，走遍現場的每一個角落，並仔細察看；好像是用錄影機錄影一樣，忠實呈現出當時所看到、所聽到，甚至聞到、觸摸到的每一件事物。例如，忠實的說明這時和此地：

　　「客廳中有兩個男人，斜躺倒臥在沙發上，手中都拿著漢堡和小薯條。另外，有兩罐打開的可樂，放在小茶几上，加上正開著的大螢幕電視。」

　　(2)說明客觀事情真相

　　陳述事實需要說明客觀事情的真相，不可以加上個人的主觀意見或是判斷。例如，你要這樣的說明客觀事情真相：

　　「這個小房間的書桌上，有三瓶還沒有喝完的礦泉水，散落四處的五張餅乾包裝紙，還有捲成一團的骯髒衣服。」（這是你眼中所看見的客觀真相）。

　　你不要這樣的判斷式說話：

「房間的主人非常懶惰，很骯髒！」（這是個人主觀的評斷）。

「你們說的話，是，就要說是；不是，就要說不是；若再多說，就是出於那邪惡之子。」

(3)說明人證和物證

陳述事實需要說明人證和物證，好像警察在辦案時，保留人證和物證的完整。人證是指事發當時所有在現場的人，以及他們的所看見所聽見的事物。物證是指在現場所出現的動物、植物、物品，和相關資料。重點是要盡可能的還原現場，呈現真實面貌，不可以加油添醋的自作主張、自行猜測。還有，若有任何旁證，也需要忠實加以呈現，不可以隨便忽略，例如，相關的簡報資料、企業文件、附屬文案、聯絡Line、手機簡訊等。

2. 杜絕個人論斷

陳明事實的相反就是主觀論斷，主觀論斷是在下面兩個方面做出個人的判斷，說明於後：

(1)根據知識來判斷

主觀判斷經常是根據你的知識做出判斷。人的天性很喜歡根據自己的知識聰明來評斷別人，這樣的判斷他人就代表是他不懂而你懂，是他不知道而你知道，是他不如你來得聰明，這表示心理上的驕傲自大。

例如，某甲是國立大學畢業生，今天到某企業上班，部門中隔壁有位羅姓同事，他畢業於私立的技術學院。於是某甲就輕看他。

某一天羅姓同事辦妥一件大案子，被主任大肆誇獎。這時候某甲就酸說：「這事沒有什麼了不起，不過是一個案子，幹嘛這樣大肆張揚！」

後來，羅姓同事犯一個小錯誤，在數量計算上出錯，讓公司損失三千元。這時候某甲就說：「看看看！沒知識，沒學問，辦事就不牢靠，錯誤百出囉！總而言之，只有技術學院畢業的人就是不靠譜！」

某甲說的這一段話就是於個人主觀判斷，顯出他心裡的驕傲自大。

(2)根據驕傲來判斷

更進一步，主觀判斷是根據你的驕傲做出判斷。代表別人的地位低，而你的地位比別人高，別人是錯誤的而你是對的，別人不如你來得有權有勢，這也是一種心理上的驕傲、自大。而不管是根據知識來判斷，或是根據驕傲來判斷，都要力求避免。

例如，在筆者的教學生涯中，曾經遇到有位研究生，常常拖延要交的論文進度報告，沒有準時交出報告。因此，筆者對他的個人印象並不好。有一天，筆者和學生們約見的時間到了，其他同學都如期交出進度報告，就只有這位同學沒有繳交作業。

這個時候，筆者腦海中浮現一句話：「你真是個偷懶、糟糕的學生，你真的不可救藥，」筆者正準備說話又吞回去。直覺到這話在為別人貼上標籤：「偷懶、糟糕、不可救藥」，這是來自筆者個人「論斷」的話語，欠缺尊重，並無助使對方日後能如期繳交報告。

事實上，筆者應該這樣說：「某某某，到今天，你已經是第三次沒有準時交作業，你的論文進度嚴重落後，這一定會影響你舉行畢業論文口試的時間，甚至你沒有辦法在這個學期如期畢業。」筆者尊重地表述「事實」的話語，清楚說明當前的事實處境。

又有一次，有位學生交的報告內容不佳，實在令人搖頭，筆者也馬上有一句話，浮上心頭：「真是有夠笨蛋，是個大白痴，連這個也不會。」這也是一句「論斷」話語，「笨蛋、白痴」，會打擊他人自尊心。事實上筆者應這樣說：「這一題這樣寫是錯誤的表現方式，另外一題這樣寫欠缺考量。」這樣才是在尊重的前提下描述「事實」的真相。

單純的陳述事實而不加上個人的判斷是需要練習的。因為人類的始祖亞當和夏娃在伊甸園，被蛇引誘吃下「善惡樹」的果子之後，就變得能

夠分辨善惡。而分辨善惡最為明顯的記號，就是評斷誰是誰非，評斷別人的好壞和優劣；而在評斷他人時，必然會和對方的自尊心和價值觀，有所碰撞，甚至是牴觸。這會引起對方的錯愕、氣憤、忿怒、羞愧感受，進而反擊回來。因此，所羅門王說：「溫良的舌頭是生命樹，有智慧的必然得人。」所謂溫良的舌頭是指單純陳述事實，而不加上個人主觀判斷的話語，這是「生命樹」的果子；而個人主觀判斷言語，則是「善惡樹」的果子。陳述事實是只說出自己所看見的真實事物，而不要加入個人的主觀判斷。「什麼都不要論斷，只等上帝的公義來到，上帝要照出暗中的隱情，顯明人心中的意念。」總之，你只需要單純的陳述事實，而不要加上判斷，在生命樹的基礎上和對方互相尊重式對話。

二、說出自己的感受

尊重式溝通除單純陳述事實外，也要說出自己的感受。

1. 說出感受的意義

說出感受（tell the feeling）是指進入你的內心，勇敢說出自己內心的真正感覺。這時要說出兩個層面的情緒感受：

(1)說出基本情緒

基本情緒（basic emotions）是人類天生就有的，人類擁有十幾種基本情緒，這些情通常包括生理因素，全體人類都共同擁有。常見的基本情緒包括「喜悅、憤怒、哀傷、厭惡、恐懼、驚訝等」。基本情緒通常會透過外界環境所啟動，再透過人體的感受器官達到人體。例如，由於看見、聽見、聞到事物進而生成喜悅，又稱為**古典情緒**（classic emotions）。古典情緒是人類的情緒感受，是傳統的七情六慾，就是喜歡、驚訝；生氣、憤怒；悲哀、憂心、煩惱、擔憂；快樂、歡呼；憐愛、偏愛；厭惡、憎惡、

嫌棄、害怕、恐懼；想要、慾望等各種的情緒感受。

說出感受的焦點是必須說出你的真實情緒，不可以加入任何自己的批評或是評判意見。一般而言，情緒感受是一項真實事件，它並不存在所謂的「對或錯」的價值判斷。例如：

「當我到你的書桌旁邊，我看見書本攤在地面上，堆成三堆，沒有把它整理整齊。我心中覺得非常的生氣，不開心。」（這是說出基本情緒，說出個人的內心感受）。

「你的房間實在是太髒、太亂了，好像是豬窩一樣，這樣你一定讀不好書，沒有辦法考上國家考試。」（這是說出個人評價，說出個人的主觀批評指責）。

(2)說出複雜情緒

複雜情緒（complicated emotions）是在基本情緒的基礎上，由於不同文化層面對於基本情緒有不同的認知解讀，或是在特定的社會條件，或是道德因素下的產物，又稱做複雜情緒。常見的複雜情緒包括「害羞、窘迫、羞愧、內疚、驕傲、難過、挫折」等。例如：

「孩子，當我看到你多益考六百二十分的成績單，我覺得非常內疚；這是我不夠努力，沒有把你英文教好，我感到很難過。」（這是說出複雜情緒）。

「孩子，當我看到你沒有考上這一次的公務員普考，你已經盡力努力了，雖然你的辛苦用功沒有得到好收成。我覺得非常難過，也感到為你婉惜，但你還是最棒的。」（這是說出複雜情緒）。

2. 排除批評指責

相同的，說出感受的相反就是個人的批評指責，個人批評指責是在兩方面進行個人主觀評價，說明於後：

(1)根據本位來指責

首先，本位思想是依據個人主觀的立場來指責。在人類的天性自然的會用自己的角度來評價、判斷對方，因為這樣評價對方就代表自己的眼光優而別人的眼光差，自己的角度高而別人的角度低，自己的眼光和角度比別人的眼光和角度更好，這是一種驕傲、自大。

(2)根據偏見來指責

更進一步，主觀判斷會依據以偏概全，或以全概偏的偏見來判斷。這就像是「以偏概全」的**月暈效果**（halo effect），或是「以全概偏」的**刻板印象**（sterotype image），這是代表別人要照你的意思來思想，別人要照你的意思來行動，這是一種別人比你小而你比別人大的觀點，這也是一種心理上的傲慢。例如：

「趕快給我睡覺，不然你會爆肝」。

「不要在這裡抽菸，不然你會得肺癌。」

在你說出個人感受時，需要觀照你自己的內心，用心體會內在的情感波動，並直接表達你的情緒感受。這時需要明辨「感受」和「評判」的不同。一般來說，情緒感受是「我覺得（I feel）」，這是單純的中性說話，沒有任何的個人評價色彩；至於評判則是「我認為（I consider）」，這已經不再是中性的說話，而是明顯呈現你個人的主觀價值色彩。例如：

「做為一名舞者，這樣的跳舞，我覺得有點失落！」（這是誠實說出自己感覺）。

「我認為我跳的舞曲不夠感人！」（這是說出個人主觀評斷）

「我覺得你已經被別人誤會！」（這是一種既是擔心又是焦急的實質感受）

「我認為你已經被別人忽略！」（這是一種個人主觀評斷的評斷）

「感受」是屬於生命樹的範疇，是個人真實情緒的表達。至於「批

評指責」則是屬於「善惡樹」的範圍，是對於某一件事情的是非善惡與對錯，所做出的個人價值判斷。而無論是根據本位來自責，或是根據偏見來指責都不是尊重是的溝通，要加以排除。

三、和家人說話別太毒

　　最後和親密家人說話別太毒。不要主觀論斷和批評，特別是最容易挑最狠毒的話來說。莎士比亞說：「愛情不是花叢下的甜言蜜語，不是桃花源中的通關密語，不是輕細的眼淚刻痕，更不是死硬的強詞奪理，愛情是建立在共同的說話基礎之上的。」說話忠於事實真相並且落實實際感受，是家人建立長時間情感的穩固基石。富蘭克林也說：「在各種習慣中，最難被克服的就是驕傲。雖然你盡力的隱藏它，克制它，消滅它，但最後還是會在不知不覺當中，仍舊顯露出來。」人因為心中的驕傲，很容易就進行主觀的價值評斷，並且隨意隱藏事實真相，這樣做會導致沒有辦法忠實的呈現出心中的真實感受。

　　筆者有時忙於看手機或打電腦，以致於愛妻已經準備好晚餐仍未停下工作，影響到愛妻做飯的喜悅。有一天，筆者依然忙於打電腦，忽略晚餐已經準備好。愛妻邀請筆者上餐桌，在連連催促下，筆者不禁心煩、怒火中燒，便大聲吼叫說：「給我閉嘴，又沒有人要妳做晚餐。」話才剛說出口，筆者就後悔了。

　　因為這樣的一句話，不僅讓愛妻準備晚餐的心意付諸流水，也引起愛妻很大的失落感，產生反效果。因為這一句話：「沒有人要妳做晚餐！」完全是筆者不耐煩的「指責」，這好像是對愛妻說「妳活該，誰叫妳自作主張的做晚餐。」完全一樣。效果剛好相反，愛妻會受傷難過，家裡整個晚上也蒙上一層低氣壓。

　　事實上，筆者應該說出自己的真實「感受」，也就是說：「愛妻，

謝謝妳準備晚餐，是我不好，我太自私，只做自己的事，對妳還亂發脾氣。」或「愛妻，謝謝妳，妳上班這麼累，還爲我準備晚餐，我很擔心妳的身體沒辦法負擔。」這樣的說話，可以直達對方的內心，相信也比較能夠打動對方，效果也比直接命令對方要來得好。

最後，要做到說出尊重話語，用心傾聽是必經之路。這時，你需要聽出對方最近發生的事情，並且過濾對方的個人評斷。進而體會對方的眞實感受和需要，同時過濾出對方的個人評判，及連帶產生的各種指責聲浪。據以接住對方提出的幫助請求，及不被對方命令式口吻所激怒。切記，「回答柔和，使怒氣消退；言語暴戾，觸動怒氣」。總而言之，只有透過尊重式溝通，方能孕育出眞正的溝通，這正是建立美好人際關係的鑰匙。

第十章　家庭生活

吃完晚餐後，就是你的家庭生活了，

讀書趣，聽音樂，看電視，或做家事，

可以獨樂樂，悠閒自在，

也可以眾樂樂，身心舒暢，

與親愛家人和樂融融，

笑聲不斷，妙語如珠，

或是內心平安，享受獨處，

這完全是如人飲水，冷暖自知。

第一節　親愛家人

　　家庭生活是你深度人際關係的展現，其他的事情只是細節。也因此職場軟實力中真正最最重要的事，就是你的人際關係，特別是和親密家人的關係。因為你對自己生活品質的看法，多半是你對四周人際關係的感受。因此本章說明家庭生活，來成就職場的軟實力。

　　人際關係專家卡內基說：「一個人在世上的成功，只有15%是來自於他的專業能力，另外的85%則是需要依賴人際關係和處世技巧」，人際關係就是關係人脈。專業能力是硬實力，善於處理人際關係，建立關係人脈的本領則是軟實力。軟實力和硬實力是相對的。而美好人際關係的ABC，就是你要別人怎樣對待你，你就要怎樣對待別人，真正做到和對方平等互惠，這是人際關係的本質與核心。

　　晚上回到家中，放好白天的公事包。

「來來來！香噴噴的雞湯喔！」愛妻端上香噴噴、熱騰騰的雞湯上桌，筆者走過去向愛妻說：「哇，這看起來好香、好好吃喔。」

「是的，這是我剛剛向同事學到的最新料理手法啊，來來來，先嚐嚐一塊雞肉試試看。」

筆者很開心，總覺得自己超有福氣的，有愛妻費心做晚餐。

心中正暗暗開心時，愛妻笑著對筆者說：「老公，你今天看起來很疲累，說話聲音不太對，應該是上課太辛苦了，要多吃幾塊雞腿肉補一補身體喔！」

「是呀，今天上一整天的課也是夠累的。」筆者點點頭。

「是的，上一整天的課很累的，話說得太多，聲音會變得很難聽。建議你吃完飯後閉著眼睛，安靜躺一下，然後去洗個熱水澡」。

望著愛妻的笑容，筆者開心的笑著，筆者心想自己是最幸福快樂的人。

在說明人際關係時，分辨各種關係的親疏遠近，以及在時間有限的限制下，怎樣努力溝通來經營重要的人際關係，是建立美好人際關係的關鍵，這時需要先檢視你的同心圓關係圈。

一、同心圓關係圈

在生命成長過程中，你需要不斷和別人互動並建立良好的人際關係，這就形成你的關係圈，是你和四周的人建立關係的縮影。關係圈有親疏遠近之分，這就是「同心圓黃金關係圈（concentric zone golden relationship circle）」，簡稱「黃金關係圈」或「關係同心圓」，說明於後：

1. 普通關係圈

關係圈的最外層是第三層的普通關係圈，包括社會機關行號的各種服

務人員、萍水相逢過客，還有素昧平生的路人甲、路人乙等。這是關係程度最低的關係人士，若是關係破裂，彼此感受到的傷害較小。

2. 生活關係圈

　　生活關係圈是核心關係圈外的第二層關係圈，一般包括同學、同事、同黨、同工、同行、同道、同鄉、同宗、朋友，號稱「同」字輩的關係網。在生活關係圈當中，主要是透過「相同」兩個字的連結，就是相似度的串聯，在「同溫層」互相交流來建立情感。這時雙方是在生活條件上有些相似，如省籍、教育程度、畢業學校、工作場所、居住地區、黨派、宗教信仰等。因此彼此在生活場所、意見表達、特定經驗、文化內涵、價值傾向等內涵較為接近。較容易互動，發展成為朋友般的友誼關係。若是一旦關係撕裂，雙方仍然會感受到一定程度的傷害。

3. 血緣關係圈

　　血緣關係圈又稱核心關係圈，可分為兩個內圈。在狹義上包括直系血親，就是祖父母、父母、配偶、子女等血親親屬。廣義上包括旁系血親的兄弟姐妹、叔伯、姨嬸、甥姪和等其他遠房親戚等姻親親屬。這是你最內圈、最親密的人際關係圈。這包括兩種層面的親近，說明於後：

(1)血緣關係的親近

　　基本上，直系血親和你具有血親關係，至於旁系血親的血緣關係程度較小。特別是直系血親關係圈，這代表自己生命的來源和基因的傳出。古人說：「先修身，後齊家，然後才是治國和平天下」，就已經清楚說明關係親疏遠近，以及和他人建立關係的先後順序。你的人際關係基本上就是核心圈關係的縮影，而其他的關係則為次要。理由是你對於四周人際關係的感受，就代表著你對於人生的想法。因此，你若能夠穩固維繫住核心關

係圈中的人際關係，就能夠有效提升個人幸福感。同時在社會上奮鬥時，能夠爲自己建築一道堅固的保護牆。

(2)生活能見度的親近

在血緣關係圈中，特別是直系血親，相當有可能是住在同一個屋簷下。朝夕相處，生活能見度相當高，溝通非常頻繁且高度透明，因此容易爆發生活摩擦和不同意見爭執。若是因爲激烈衝突，導致感情撕裂和關係破壞。對於你的傷害是最爲強烈，並且刻骨銘心，故你需要花心思來管理並維護這個關係。

二、管理信心循環

面對最裡層的血緣關係圈，也就是你的親愛家人，你可透過「**信心循環（trust cycle）**」的過程，來深化與家人之間的信任強度，來形塑良好的**關係品質**（relationship quality）。爲管理信心循環，需要透過需求、表達、滿足、安全、相信等五個步驟，一步一步的建立與家人在溝通對話上的信心水平。說明於後：

1. 信心循環

(1)需求

需求（need）是你一旦缺少某項物質時，從內心產生、表現出來的一種主觀的短缺狀態，代表你對於某項客觀事物的心中渴望，是你心中眞正的欲求和渴望。至於需求的類型，若是依照馬斯洛的人類需求層級模式，你有五種需求，依照順序是生理需求、安全需求、愛與歸屬感需求、自尊需求、自我實現需求等。

(2)表達

當你的某一項需求，外在供應不足夠時，就會形成某種**期望**

（expectation），代表你希望透過獲得某項事物，來滿足這項需求，這是身心上的某一種失衡狀態。從而你需要清楚**表達**（present）自己的需要和期望，健康的說出這個需求；而不是一味給予壓抑和隱藏，或是轉成用指責自己或謾罵他人的方式來表現，這都不是正常的抒發需求方式。倘若長期上沒有辦法有效抒發需求，則會產生心理上或生理上的各種疾病，例如：憂鬱症、躁鬱症、精神官能症、強迫症、身心疼痛等。

(3)滿足

當你獲得某件事物來滿足需求時，便會確認這項期望已經獲得滿足，形成滿意或**滿足感**（satisfaction）。這是表示需求獲得供應，形成身心靈平衡的一種狀態，這時你心中會形成「心想事成」的滿足喜悅感受，身心靈會因為滿足而表現出輕鬆自在的舒適感覺。

(4)安全

當你在輕鬆自在的滿意情況時，身心會放下自我武裝，卸下自我防衛機制。轉而表現出某一種安全狀態的形式，展現高度的安全感。這個時候你的真我就會自然浮現，表現出平安、喜樂和幸福感。若長久下來，你的人格就會長大成熟。

(5)相信

當你在高度的安全感中，自然會逐步促成信任感的萌芽，相信四周的人事物都是善意的。你就會願意將自己的弱點曝露在別人的面前，而且相信對方不會故意的傷害他。這就是你對於環境和對他人的信任感。在高度信任下，就容易推動下一次的信任，形成善意的信心循環。

在與家人的關係上，你需要能夠表達個人的需求。你需要有效管理信心循環，在面對親愛家人時，脫下假面具，完全做自己，擁有高度的安全感，能夠完全相信家人，這樣你才能享受美好的家庭生活。

2. 兩種信心循環

信心循環可以分成正常循環和異常循環兩個類型，說明於後：

(1)正常循環

這時是透過某一方明白個人需要，在溝通時明確表達出個人需要。再透過對方及時供應產品或服務，使需要能夠獲得滿足。進而使提出需要一方的內心產生足夠的安全感，能夠相信對方，建立起信任感。從而在雙方建立互信後，促成對方也提出需要，再由己方供應來滿足，進而建立安全感，信任對方，形成正向的信心循環。

(2)異常循環

這時是由於某一方由於心中的害怕或膽怯，以致於在溝通時隱藏自己，不敢表達自己真正的需要。或是表達的不夠明確，從而對方並沒有供應產品或服務來滿足這項需要。心中產生緊張、不滿足、憂慮的不安全感，進而懷疑對方，無法建立起信任。接著因為雙方信任感不足，不容易提出真正的需要，所以無法產生正向的信心循環，就成為異常循環。

妥善維護、管理好與親愛家人之間的信心循環，維持正常信心循環的有效運作，盡量避免發生異常信心循環。若發生異常信心循環時，亟需儘速修復以恢復成正常信心循環，這是建立優質職場軟實力的根基。

三、留意心的距離

與親愛家人要留意心的距離，家人既然是你最親近的人，特別是配偶（夫妻），心的距離要最近。理由有三個，說明於後：

1. 親密的關係

只有配偶，是一個人在晚間睡覺時，卸下工作壓力，解除生活武裝後，同床共枕的親密對象；更是肉體上寬衣解帶，共享歡愉性生活，魚水

之歡的特定伴侶，同時也是生育、養育、教育下一代的長期夥伴。其具備
長期親密生活的實際，故心的距離要最近。因為你並不會在父母親面前，
或在子女面前，寬衣解帶來享受性愛。因此：「人要離開父母，與愛妻聯
合，二人成為一體」，可以看出配偶關係的重要性。這時，夫妻雙方需要
親密聯合，好像一個人。不再依戀父母，方能夠從原生家庭關係中長大成
熟，建立新生的衍生家庭。再一起同心孝順父母，養育兒女。

2. 生活的照護

　　配偶是彼此生活上相互照護的對象，具有生活上相互陪伴的需要。特
別是一方晚年衰老臥病時，能夠陪伴床榻，相互扶持，甚至是晚年含淚送
終的至親。配偶具備日後互相照顧的功能，故應當有最近的心的距離。因
為父母通常會較你較早衰老死亡，子女則會建立的新家庭需要照顧。

3. 家庭的元素

　　家庭是傳宗接代、綿延後代的必要單位，這是生理上的必備要件。配
偶具有生命傳承的意義，無人能夠替代，故配偶居人際關係的首位，心的
距離要最近。這呼應「生命的意義，在創造宇宙繼起的生命」。當然，這
時仍然容許存在收養關係、代理孕母等例外的情況。

　　在此要澄清的是，配偶間需要先建立起穩固的婚姻關係，然後夫妻
才能同心的孝順雙方的父母。因為只有新建立的衍生家庭能夠美滿幸福，
才能夠無後顧之憂的共同孝順父母；若是衍生家庭的關係已經失火岌岌可
危，怎麼能夠再分出心力來孝順父母，這樣豈不是本末倒置。因此，一個
人要先離開父母的原生家庭，建立起美滿的衍生家庭。並且將夫妻關係看
做是最為重要的關係來保護，留意彼此心的距離，這是最重要的原則。

第二節　愛的語言

在家庭生活透過關愛的語言，能夠表達愛的關懷非常必要。因爲愛的語言就像是暖心溫泉，可以融化冰冷的關係高牆，可以打破冷漠的關係隔閡。這是一道強而有力的人際關係強化工具，說明於後：

一、愛的存款多多益善

家人之間的情感水位高低，很像是到銀行的存款和提款行動，代表著你們之間的愛的存款水平。當你給對方一次愛的行動，就相當於在家人的存款簿上，存進一筆愛的款項；而當你得罪對方或是讓對方失望一次，就相當於在家人的存款簿上，提走一筆愛的款項。

這時，若是家人之間的感情水位高漲，例如已經有1000萬元，則萬一發生一次傷害事件，提款100萬元，則家人之間的感情水位仍然還有900萬元，該負面事件影響不大。相反的，若是家人之間的感情水位很低，例如只有50萬元，則萬一發生一次傷害事件，提款100萬元，則家人之間的感情水位就蕩然無存（−50萬元），可能分道揚鑣，這次負面的事件就影響深遠。感情存款不足，一件區區小事，恐怕就成爲壓垮駱駝的最後一根稻草，不可不愼。

怎樣快速累積愛的存款呢？一個有效的方法是「存一進百」。要投其所好，而不是給己所要。就是愛要做在對方的需要上面，也就是需要愛在對方所看重的地方上面。絕對不要「自己做到流汗，反而被對方嫌到流唾（臺語）」，那就沒有智慧了。

一個人會快樂，兩個人（夫妻）則會成長，三個人以上（夫妻加上兒女）就會邁向成熟。事實上，婚姻雖然不能有後門，但是卻有天梯，只要雙方同心協力，一起爬天梯，自然會有美滿的結果。有道是：「花若盛開，蝴蝶自來；人若精彩，天自安排。」美滿婚姻的結果絕對是你眼睛未

曾看見，耳朵未曾聽見，內心也未曾想到的，超過你所求所想的美好。因此多多累積愛的存款吧！

二、五種愛的言語

累積愛的存款就是積極向對方表達關愛，努力提升彼此之間的感情存款。關愛是需要表達出來的，因為沒有經表達出來的關愛，對於接受者而言，效果等於零。將關愛表達出來則是需要言語和行動做為工具。

蓋瑞切皮曼（Gary Chapman）所提出的「**五種愛的言語**（5 love languages）」。就是五種表達關愛的方法，包括肯定的言詞、精心的分享、創意的禮物、貼心的服務、身體的接觸等。說明於後：

1. 肯定的言詞

肯定的言詞就是支持、欣賞、肯定對方，是表達關愛家人的話語。愛在心裡，口就要開，千萬不要愛在心裡口難開。例如，更肯定的使用「很好」、「超讚」、「非常棒」、「好厲害」的肯定言詞。來取代中性、模稜兩可的「不錯」、「普通」、「還可以」的說法。還有，要多說「我愛你」、「我好想你」、「你好美」、「你好帥」等愛的言語。切記，千萬不要用「死」、「鬼」等的惡毒字眼來咒罵對方。例如，使用「去死」、「鬼打架」、「爛死了」、「死到哪裡去了」等負面話語。

要說出肯定的言詞，需要經常欣賞家人的優點，看他們比自己強。你要學習多看家人的優點，少看家人的缺點。況且所謂的「缺點」，其實只是優點的過度使用而已，故不需要將焦點放在家人的缺點上面。反倒是應該將眼光全部集中在家人的「優點」上面，這樣才能夠看見家人最美好的一面。看他們比自己強，進而發出由衷的讚美和驚歎。同時切記，若是不得已要提家人的一個缺點時，需要先提出家人的三個優點，使家人樂在其

中。這樣才能夠使家人在面對你的指責時，有足夠的承受力量。事實上，
與家人之間的任何差異，是帶來生命豐盛祝福的機會，從而可以將差異轉
換成爲祝福。

2. 精心的分享

　　精心的分享就是用心的對待對方，包括兩種層次的分享。第一是精心
的交談，交流分享生活上的瑣事，表達關心和在乎對方，這絕對是家人間
最難能可貴的甜蜜時光。第二是精心的陪伴，因爲時間是最寶貴的資源，
願意花時間和家人在一起，就是愛的表示。對於深陷忙碌漩渦中的現代
人，單純的陪伴更是最高級愛的境界。特別是手機等3C產品無孔不入，
經常會打斷破壞陪伴的和諧氣氛，因此，在與親密家人共處時，將手機關
機或轉成震動，乃是成就精心陪伴的重要條件。事實上，上帝也是差派祂
的獨生兒子耶穌，道成肉身來到世界上，又差遣聖靈無時無刻的來陪伴你
和我。

3. 創意的禮物

　　創意的禮物不在乎禮物的大小和貴重，而是留意到對方的眞實需要，
以及對對方具有特別意義的禮物，不管對方是不是已經擁有相類似的物
品。例如，爲對方畫一幅畫，做爲心意的表達，使對方心動，成爲對方珍
愛的創意禮物。事實上，上帝也爲我們預備創意的禮物，就是把祂的獨生
兒子耶穌當作禮物，降臨到世間來送給世人。

4. 貼心的服務

　　貼心的服務是針對方的特定需要，所做的窩心服務。例如，配偶身心
俱疲返家，立刻給配偶愛的按摩，和準備熱水洗澡；或是配偶月事來潮的

時候，就特別外出爲她買一碗熱騰騰的紅豆小湯圓，暖身又補血。這時仍需要注意個人應該擔負的責任，不可以一味的付出，進而使家人錯失長大成熟的機會。例如，媽媽爲兒女做牛做馬，照顧的無微不至，承擔過多。卻是使兒女成爲「媽寶」，永遠長不大。還有，家事服務也不可使用金錢報償做爲對價，例如，洗碗給個十塊錢，買醬油給個五塊錢等。這樣會使家事服務變質，淪爲工作服務的另一戰場，將情感關愛的意義喪失殆盡。事實上，所謂的「家事」，就是「家裡面的事情」。而「是家人就需要做家事」、「不是家人才不需要做家事」。故只要是家中的人，就需要來做家事，來表示自己是這個家中的一分子。而不是使用金錢當做對價，來鼓勵家人做家事。不管是折衣服、擺碗筷、買衛生紙，或倒垃圾等家事，都是一樣的。事實上，上帝也是差派祂的獨生兒子耶穌，爲有如家人的門徒們洗腳服務。

5. 身體的接觸

　　身體的接觸是指肢體的撫摸，包括握手、拍肩膀、擁抱、親嘴等關愛的動作。基本上，每一個人都喜歡肢體上的碰觸，因爲適度的身體碰觸，會激發出快樂的酵素，使一個人感到興奮和愉快，而擁抱家人更是最熱情的方式之一。基本上，適當的肢體碰觸，如擁抱家人，這是一件好事，可以表達關愛。然而在東方社會則往往是「知易行難」，需要特別用心來突破。

　　愛的存款要怎樣進行呢。提供如何使關愛的五種愛的語言進行順暢，需要有智慧、有計畫的進行，不可以莽撞亂動。下面是一般的原則：

　　(1)在家人非常忙碌的時候，需要安排精心的分享。例如：安排生日派對或是燭光晚餐。

　　(2)在家人十分疲累的時候，需要安排貼心的服務。例如：爲配偶按

摩或是放熱洗澡水。

(3)在家人努力創業的時候，需要安排肯定的言語。例如：言詞鼓勵對方或是正面強化行動。

(4)在對方久未見面的時候，需要多做身體的接觸。例如：緊緊擁抱或是性愛纏綿。

(5)在生活平淡無奇的時候，需要安排創意的禮物。例如：結婚週年禮物或是生日禮物等。

最後，關愛的行動是需要真心的表示的。因為關愛如果不是出於真心，這就好像是鳴的鑼，響的鈸一樣。這不是為了執行規定，也不是為了落實責任，更不是為了達成承諾，而是出於內心關愛的表示。愛的表達也需要及時，關愛絕對不是開立遠期支票，而是要珍惜現在。不是等到退休以後，再帶對方去環遊世界；而是這個禮拜六，就陪她到附近公園散散步；只要是還有機會，就需要用心的做，這樣才不會後悔。因為，彼此相愛，不是只在口舌和言語上，總要在行為和誠實上。配偶或家人通常是不會主動改變的，除非他感受到被愛和被接納。這就是幸福家庭的祕訣。

三、家庭有愛自然美

在與親愛家人相處時，不免會碰到許多事情，這當中通常包括一些問題。而當你的心思意念面對問題的本身時，你天然人的本性會很想集中精神在環境上，就是專注在問題上，你會很想把自己丟到問題中，和問題混戰，好像自己需要馬上戰勝問題。在這個時候，你的聰明才智會為了處理問題而快速運轉，你的全身會變得緊張僵硬。除非你能夠馬上解決問題，否則你就會陷入、籠罩在陣陣的挫敗感當中。

在這時，你便已經是掉進問題的系統當中，失去焦點，反而看不見上帝的那一隻看不見的手。也就沒有辦法用超然的角度，從上帝外在的角度

來處理與家人相處的問題。若是你能夠在問題或難題臨到時，試著和上帝討論和對話，並且用上帝的眼光來重新看待問題。這樣來說，你便會在你自己和你的緊張憂慮間，放進一個緩衝劑。從而你能夠「跳出三界外，不在五行中」，用上帝的眼光來看這樣的事情。你便會發出會心的微笑，或許是淡然處之，甚至是大笑三聲，從而能夠溫柔靈巧的處理每天的各種問題。

在你與親愛家人相處中，時時刻刻都會有一些決策點，有許多時間是你必須馬上要做出決定。例如：決定吃哪一種口味的晚餐、晚上要不要一起吃晚餐、一起走路時要走快一點還是慢慢走、要不要一起快跑幾步追上公車、家門口的電梯門快要關了要不要一個箭步衝進去、要不要點開LINE、臉書或簡訊等社群軟體等。在這個時候，你需要一些基本原則，來幫助自己做出更好的決定，而且不會因為小事情不如你意而悶悶不樂，甚至情緒抓狂。多數人的決定是透過習慣性反應、自利動機，或是刻意討好別人來做決定。這樣來說，便容易失去快樂的心情，而沒有辦法做到「常常喜樂」。

在這個時候，你要想辦法將上帝拍進到你自己的相機中。心中想到上帝，看上帝一眼。在靈光一閃當中，想一想你要怎樣做，上帝就會開心。於是你便能夠做出正確的決定，在這個時候，上帝同在的喜樂自然會在心中，湧流出來。

第三節　衝突處理

在家庭生活中，經常會和家人有意見不同的時候，發生爭吵衝突自然是無法避免。然而，衝突並不是都是負面，衝突有著進步發展和提振效能的正面意義。因此，你需要允許發生衝突，且積極面對衝突。

一、化衝突為祝福

衝突管理是發生衝突後，所需要的處理方案和建設性解決機制，這就是**羅賓森**（Robbinson）所提出的**衝突管理模式**（conflict management model）。方法包括：營造和解氣氛、訴諸更高層次目標、研擬創意解決方案、增添供給化解衝突，和堅守認知公平。以下用大衛王所寫詩篇第23篇「牧羊人之歌」的內容，說明於後：

1. 營造和解氣氛

營造和解氣氛是主動用溫和話語協調和緩和氣氛，正面舒緩雙方的爭吵。並引導雙方表達意見和解決方案，再從中試圖化解。

牧羊人之歌第五節前段說：「在我敵人面前，你為我擺設筵席。」當與家人有衝突時，設宴安排聚餐飯局，當作是調解和處理爭吵的平臺。因為在用餐時間，通常是歡樂輕鬆時光。例如，午餐聚餐、晚餐宵夜、假日聚餐，甚至是慶功歡宴、生日聚餐、結婚週年慶等，許多爭執較容易在這時化解。

2. 訴諸更高層次目標

牧羊人之歌第五節中段說：「你用油膏了我的頭。」在適當場合中，你若訴諸更高層次的目標，可以提高與你發生衝突的家人的自尊來化解紛爭。這樣能夠促使對方願意為更高層次的目標來努力，放下現階段的一時損失。訴求更高層次目標的意義，就像是用膏油塗抹家人一樣的委以重任。授予使命，來提升家人的自尊心，就是先聚焦在超然的目標。例如，共同抵抗外來威脅，凝聚共識，並轉移現在的衝突點，同時為創意的處理方案鋪路。

例如，筆者在中華經濟研究院工作三年時，考上博士班後不久便結

婚，後來愛妻懷孕了。愛妻原來從事青少年輔導的工作，這時筆者和愛妻面臨五個目標間（研究院工作、攻讀博士班、青少年輔導、夫妻相處磨合、生兒育女）的衝突拉扯中。筆者和愛妻經過深度溝通，提到更高層次的目標，就是有品質的教養。根據**葛瑞克**（Shaldon Glueck）的「**六歲定終身**」理論，六歲前的教養品質已經決定了孩子一生的人格發展，若是孩子在六歲以前，能夠獲得完整的父母關愛，便能使他擁有足夠安全感，更有自信心的進入學校和社會。愛妻思考，若能好好教養自己的兒女，防範未然，更勝於補破網般的進行不良青少年的輔導。在這個更高目標的指導下，愛妻毅然辭去工作，在家教養兩個小孩直到六歲，再重回工作現場，這個決定一舉解決日後七年中，在家中可能發生的衝突。

3. 研擬創意解決方案

　　雙方輪流表達自己觀點，同時檢查事實、澄清雙方誤會，或探索彼此善意後。便可以擬定創意的解決方案，來引導各方善意並考慮到彼此的尊嚴，雙方都有下臺階來解決衝突。這時需要多方協調和溝通，探知各方立場、心情感受，和共通利益。來提出各方都歡喜接受的創意解決方案，或是最低限度的折衷方案。這也是牧羊人之歌第五節中段說：「你用油膏了我的頭。」

　　例如，筆者在求學時間，曾經和同班的李同學共同追求同一位女子，這將發生二搶一的情感爭奪衝突。班上當完兵的蕭同學適時挺身而出，約筆者和李同學一起到臺北車站附近的咖啡廳喝咖啡，先營造和解氣氛。蕭同學對筆者先提出更高的目標說：「感情是一時的，同窗情誼是恆久的。我盼望你們之間以後還是朋友，不要為這一件事，傷害同學感情，以後同學會就都沒有辦法再碰面。」蕭同學提出一個創意解決方案，就是由女方當場選擇一個人繼續交往。這創意的解決方案，化解一場可能的紛爭。這

高招使筆者拍案叫絕。

4. 增加供給解決衝突

　　牧羊人之歌第五節後段說：「使我的福杯滿溢。」由於衝突多來自於供給少於需求。因此，若是能夠把餅做大。增加供給數量來滿足對方需求，便能夠化解衝突。這是指一方從外界獲得資源並分配到各方的需求中。是增加供應，使雙方的福杯飽滿，甚至是滿溢出來。

5. 堅守認知公平

　　衝突管理的最高原則，是使各方都感受到**認知公平**（perceived justice）。在物質面、心理面、時間面等各個層面，使衝突各方都能夠感受到調解所帶來的結果公平、程序公平，和互動公平。從而各方都能滿意，衝突的雙方恢復和好，來堅守認知公平。

　　牧羊人之歌第六節說：「我一生一世必有恩惠慈愛隨著我；我且要住在耶和華的殿堂中，直到永遠。」衝突各方都能認知到恩惠和慈愛氣氛，這代表著管理衝突需要使各方感受到恩惠和慈愛。首先是恩惠，指衝突化解後，能獲得物質上的恩惠，獲得結果公平；再來是慈愛，指衝突化解過程中，能獲得善意對待。例如，真心對待，獲得程序公平和互動公平。使衝突方能滿意，再次享有快樂，重拾歡顏，就像是待在天國中，直到永遠。

二、道歉的藝術

　　道歉是衝突發生後進行補償的第一步動作。承認錯誤也就是道歉，將失誤設下停損點。**拉弗洛克**（Lovelock）指出，衝突補救的最高指導原則，第一是道歉，第二是道歉，第三還是道歉。

　　基本上，道歉、承認錯誤，並補償對方，都是積極的解決方式。解釋原因可以歸因於內部原因或外部原因，內部原因是自己不好；外部原因可能是因爲工作太忙，或是小孩吵鬧、財務壓力、睡眠不足等，所以爭吵。不當的歸因反而會導致對方的不滿，在解釋時需要特別注意。

　　例如，每當愛妻和筆者發生爭吵衝突時，在多次爭吵後，筆者學會了：

1. 雙方不要同時生氣

　　在發生爭吵時，要馬上煞車，不要繼續吵下去，也就是不要雙方同時發脾氣。這樣便能夠大大減少發生大吵大鬧，產生惡性爭吵的情形。而是有一方會等到對方發完脾氣，情緒回復正常後，再跟對方發脾氣。這樣會使對方能夠接住這份情緒，不會失控。

2. 位階爲大的先行道歉

　　在家庭中，戶口名簿上擔任戶長的人要先行道歉。因爲既然做爲一家之主，就像是一國之君。在蒼生百姓（配偶和家人）不開心、民不聊生時，皇帝應當「下詔罪己」一樣。由於筆者擔任戶長，因此筆者就先道歉。

3. 先爲氣氛不佳來道歉

　　基本上，和配偶或家人間的爭吵，多屬芝麻綠豆的小事。例如，買貴或買錯日常用品，或東西擺錯位置以至於找不到等。因此，道歉時需要先爲氣氛不佳來道歉。筆者對愛妻說：「親愛的，我今天晚上沒能給妳一個快樂的晚上，我向妳道歉。」這樣來說，就能夠大事化小，小事化無，使對方破涕爲笑，化解僵局，化干戈爲玉帛。

4. 當天爭吵當天道歉

　　發生爭吵衝突時，與家人基於「今日事、今日畢也平安」的原則，需要及時道歉。不應該拖到第二天，不要妄想要讓時間來沖淡它。長期冷戰下去，拖延時間或拉長戰線。同樣地，雙方發生衝突時，是雙方的關係發生不通暢的情況。這就好像大便塞住，腸道不通暢的情形，需要及時上廁所疏通，不然就會發生便秘、堵塞、腸道不通的情形，危害身體健康。因此發生爭吵衝突的當時，筆者就當場對愛妻道歉。若不道歉，會危害雙方的關係。

5. 先行道歉非常重要

　　若是可行，直接向對方道歉。若是一時拉不下面子，就先為氣氛道歉。筆者便說：「親愛的愛妻，我把今天的氣氛搞砸了，我向妳道歉。」而當筆者先道歉後，就像是給愛妻一個下臺階。愛妻便回說：「沒有關係，下次小心點就好，事實上，我也有不對的地方。」這樣一來，雙方衝突爭吵的壓力，就已經化解了一大半。筆者和愛妻已經結婚三十一年，還一直維持著戀愛的感覺，這當中筆者的道歉扮演著很重要的角色。

　　葛里翰說：幸福婚姻的祕訣，在於能夠「和好」，向對方道歉，說一聲：「對不起，我錯了」，來勝過人的罪性，罪性就是心中因反對而反對的力量。「你若認自己的罪，上帝是信實的，是公義的，必要赦免你的罪，洗淨你的不義」。也就是幸福婚姻是兩個善於道歉的人的結合。

三、喜樂人生

　　面對配偶或家人，只要能夠有效化解衝突，就能享有美好快樂的家庭生活，並且能夠維持長久的年日。因著：

　　人與人之間，就是一種緣分；

心與心之間，就是一種流動；

愛與愛之間，就是一股信任；

情與情之間，就是一顆真心；

對與對之間，就是一個個性；

錯與錯之間，就是一個原諒。

若是目前你仍然沒有辦法感受到快樂美滿的家庭生活，那麼就「靠上帝喜樂」，為什麼？因為上帝愛你，祂要你每天都開心，常常喜樂，這是上帝的心意。並且祂已經先行簽好一份合約，給你一個約定，就是聖經「新約」。這就像是你買賣房屋、買賣汽車，都需要簽訂契約一樣。簽約的目的在於保障交易安全，保證雙方都會履行承諾，不會有人食言、不履行。而在簽約的時候都會有抵押品，當作保證，你向銀行貸款時，需要有房屋或田地作抵押一樣。同樣地，上帝和你簽訂新約，抵押品就是上帝的兒子，耶穌身上的血。因此，你就可以放心的和上帝簽約，把自己身上的重擔交給上帝，將每一天工作上的壓力交託給上帝。這樣一來，喜樂的泉源便會油然而生，就像是挪去石頭以後，泉水自然而然的湧流而出一樣，你的喜樂也會感染到你的家人。

最後，「我們愛，是因為上帝愛我們。」因此能夠做到，人離開父母，與愛妻聯合，二人成為一體的情形。你只要將自己變成一隻插頭，插進那上帝大愛的插座中，心中的愛就永遠不會斷電，愛就永遠不會枯竭。

第十一章　工作再思

在夜闌人靜時分，萬物安寧，

這時是你和自己內心最接近的時刻，

回想一天的工作或生活，

問自己，這是我想要過的日子嗎？

這是我要做的工作嗎？

還有，我這份工作還要做多久呢？

第一節　合適部門

　　求職或工作時，請先就自己的個性能力、職業興趣、內在驅力等詳細了解。進而挑選出適合自己的工作類型，然後才投遞履歷來應徵，或是請調其他部門。若是能獲得錄取，美好職人生活正向你展開，請好好把握。若是沒有被錄取，請再接再厲，不要灰心，終會有成。當然，若是因為環境壓力，需要接受某份工作，你也需要逆來順受，用正面積極的態度面對。這是因為工作雖然不能盡如人意，但也要求無愧我心，這是待人接物的基本道理。

　　簡單說，當你想要丟履歷找工作時，需要進行「個性和能力管理」，確保工作能力和熱忱。這時需要問下面三個問題：

1. 我要怎樣做才能夠選定合適的工作部門？

2. 我要怎樣做才能夠選定合適的工作行業？

3. 我要怎樣決定是否需要考研究所、投考多益、出國念書、考證照，或是投考公職呢？

每個人的能力和人格就是「天生我材」，因為每一個人的能力人格都不相同，若要「天生我材必有所用」，達成「人盡其才」，這需要善加搭配你的性格能力類型（代表供給方），和工作事務內容（代表需求方）二者，調和供需達到均衡，就會「必有所用」。將「對的事情」，安排「對的人」來執行。貫徹「因事設人」的原則，達成**綜效槓桿**（synergy leverage），形成一加一大於二的美好結果。

一、解開生命密碼

個性人格和工作的配適程度高低，明顯會決定工作的成效。這時，**赫蘭**（Holland）的**人格和工作搭配理論**（personality-job fit theory）即非常有用。你應先考量自己是屬於何種的「**個性**（personality）」，然後再考量適合從事何種的「**工作**（job）」類型。個性是你因應外界刺激、做出反應和與他人互動的所有形式。是你心理認知的整體狀態，更是你決定怎樣調適環境變化的特定方式。例如：個性內向安靜、外向活潑、積極進取、保守穩重、團結合作、溫和合群、看重細節、具備長期眼光、高度忠誠、容易敏感等。

赫蘭的個性和工作適配理論，又名**P-J配適**（personality-job fit）。列出個人的三種取向和六種人格特質，並認定每個人的人格類型和工作事務是互相搭配的。至於搭配的程度，會明顯影響一個人的工作效率和工作滿意度。

個性的三種取向分別為**人群取向**（people-orientation）、**事務取向**（thing-orientation）、**資料取向**（data-orientation）。這種劃分方式和美國勞工部，當中的職業工作大分類相互一致。至於三種取向、六種人格特質如下：

1.「人群取向」

　　人群取向是指個性能力上善於「人群互動與關係建立」的行為，人群取向包括企業人和社會人二種：

　　(1) 企業人（enterprising man）：是人際取向的外顯性風格。企業人善於使用「說服」的方式，左右他人意見，進而獲得地位和權力。企業人具有明顯進取性格，個性上充滿自信，具備雄才大略，永遠是精力充沛，而且佔有支配慾也非常強烈。企業人適合從事產品銷售、貿易代理、商業業務、公關顧問、房產仲介、律師檢查官、中小型企業主管的工作。

　　(2) 社會人（social man）：為人際取向的內隱性風格。社會人善於從事引導和開發他人潛能的事務。社會人個性上外向、親和力高、善體人意、合群性強。社會人喜愛幫助人、協助人和開發他人潛能。社會人適合從事人力資源管理、組織發展、人員教育訓練、課室教學、社會工作、諮商輔導、臨床心理、心靈啟發、慈善公益等工作。

2.「事務取向」

　　事務取向是指個性能力上善於「流程互動與事物操作」的行為，人群取向包括實際人和行政人二種：

　　(1) 實際人（realistic man）：是做事取向的外顯性風格。實際人善於肢體伸展、肢體協調、消耗體能、技術導向和機具操作的活動。實際人個性上較為內向害羞、重視實際面、穩重踏實、順從純樸。實際人適合從事電腦操作、機械操作、生產製造、機具維修、土木工程、工安保全、環境安全、駕駛飛機車船、教練運動、農林漁牧礦業等工作。

　　(2) 行政人（conventional man）：是做事取向的內隱性風格。行政人善於依循行政規章、偏愛條理分明、規範明確、秩序井然的事務。行政人高度「依法行政」，表現出挑剔和嚴密，是嚴謹守成者。他善於分門別

類、次序管理。個性上嚴謹守成、恪守法令規章、依法行政、服從制度。較缺乏想像力與適應性，甚至龜毛和挑剔。行政人適合從事一般行政、作業管理、檔案管理、秘書總務、檢審法務、會計出納、品管審計、法務檢查、稽核管考等工作。

3.「資料取向」

資料取向是指個性能力上善於「文字、數字和符號互動」的行為，資料取向包括研究人和藝術人二種：

(1) 研究人（investigative man）：是資料取向的外顯性風格。研究人善於分析研究、邏輯思考、架構組織的心智性事務。個性上獨立且富好奇心，能跳脫傳統框架，勇於創新。研究人偏愛理性思辯、解決問題、策略規劃的腦力心智活動。研究人適合從事學術研究、經濟分析、產品/行銷企劃、財務分析、資料分析編纂、資訊管理、田野調查、策略策劃、研究企劃等工作。

(2) 藝術人（artistic man）：是資料取向的內隱性風格。藝術人個性上喜歡表現自我、創作表達、不受規章系統限制，勇於自我創作與表述。藝術人充滿想像力、偏愛激發創意點子和思維想像，不喜愛規章制度的拘限，不喜愛條理規律的事務。藝術人具有理想化和情緒化的性格、不重視實際。藝術人適合從事廣告設計、產品設計、建築設計、舞臺展場設計、室內裝潢設計、景觀設計、繪畫雕塑、音樂展演和創作、樂曲演唱、文學撰述等工作。

你若是屬於「人」取向，即適合從事和「人際互動」相關的工作。其中企業型的人適合做行銷業務或開發談判的工作，社交型的人則適合做人力資源部門或福利文化的工作。

你若是屬於「事」取向，則適合從事和「事物流程互動」相關的工

作。其中實際型的人適合做生產、品保或維修的工作，行政型的人則適合
做總務事務或秘書行政的工作。

　　你若是屬於「資料」取向，則適合從事和「文字、數字與符號互動」
相關的工作。其中研究型的人適合做企畫業務或財務和資訊管理的工作，
藝術型的人則適合做廣告設計部門或傳播視訊的工作。這樣便容易發揮你
的比較利益，找到你的競爭優勢和**利基（niche）**」。

　　例如，在資訊科技業工作，企業人適合擔任銷售工程師、**產品專員**
（product administrator, PA）、或**專案經理**（project manager, PM），社交
人適合擔任顧客服務人員、組織發展的文化規劃師或**關係經理**（relation
manager, RM），實際人較適合擔任硬體工程師、維修工程師或生產經
理，行政人則適合法務人員或行政管理師，研究人適合擔任程式撰寫人
員、研發企畫人員或資訊管理人員，藝術人適合擔任網頁設計人員、產品
設計、美術設計人員，或廣告創意總監，這樣便能有效發揮競爭優勢。

　　值得一提的是，對應第四章的身體才能（PQ）、智力才能（IQ）、
情感才能（EQ），和心靈才能（SQ）的四種能力。可以得知企業人和社
會人的EQ通常較高，實際人和行政人的PQ一般較高，研究人和藝術人則
擁有較高的IQ與SQ水平。最重要的是，你需要先認清自己是一個怎麼樣
的「人」（個性能力），然後再決定適合做怎麼樣的「事」（工作）。了
解個性可以認識自我和了解他人，企業的人力資源經理也可以準確的任用
合適人，擺放在合適的工作項目上。

　　至於在工作中，要發揮正向工作能量，你需要做到「四個合適」，先
是一個「合適的人」，再做一個「合適的事」，而且在「合適的時間」，
使用「合適的方法」來工作。在第四章告訴你要有一個正確的工作態度，
使自己是一個「合適的人」，再需要做一個「合適的事」，選擇合適工
作，並透過工作上的激勵因子達成樂在工作的理想。「慎始」很重要，選

擇適合個性能力的工作，突顯自己的競爭優勢，事半功倍的完成工作，產生槓桿效果，發揮工作正向能量。當然，在「合適時間」，用「合適方法」工作，也需要謙卑自己，多向他人請益，則自然可以學到在正確的時間點，用正確的方法做事，進而在工作生涯築夢踏實，在工作中做職場軟實力的主人。

二、人格個性適配工作類型

企業（business）一詞，就中文來解釋，是為「企圖發展的事業」的會意字。「企業」兩字包括「企」加上「業」；是為管理者具有「企」圖心，努力發展的事「業」，故稱做「企業」，在這裡就是一個人企圖心展現的事業場域。

企業就英文的意思來解讀，**企業（business）**是「**忙碌（busy）**」的抽象名詞，是busy去掉y，改成i，再加上ness。因此，企業就是為管理者和員工整天忙碌的地方，意義非常深遠。

總括來說，企業是個人或團體透過使作各種生產要素，從事生產和銷售，使消費者的需求獲得滿足，並獲得利潤來永續經營的事業體。

企業功能（business function）是企業做各項活動時，所發揮出來的各種功能。包括生產功能、行銷功能、人力資源功能、研究發展功能、財務功能。就是傳統上的「五管」功能，在記誦上可以使用「產銷人發財」的五字訣來連結，意義上就是「產銷人」＋「發財」的組合，說明於後：

1. 生產功能：是透過製造作業流程來生產產品，和提供服務的行為。

2. 行銷功能：是根據消費者的需求，提供合適產品和資訊給消費者，促成消費者購買的行為。

3. 人力資源功能：是招募、甄選、任用、教育訓練、評鑑、薪資福利、

退休撫卹等管理人事的行為。

4. 研究發展功能：是新產品發展、新科技的取得和應用、資訊和知識管理等研究發展行為。

5. 財務功能：是資金調度、財務投資、財務風險管控、現金管理等財務管理行為。

　　你需要學習怎樣透過選擇合適的企業部門，來搭配自己的「性格」個性。就是選擇適合自己性格的工作部門。例如，要做業務還是要做財務工作，就需要依照自己的性格特質來決定。這裡的部門別包括生產、銷售、人力資源、研發、財務、資訊等企業部門。性格則包括「人」取向的企業人、社會人；「事」取向的實際人、行政人；以及「資料」取向的研究人、藝術人。

　　首先，你需要選擇到哪個部門工作，就是要做什麼樣的事情，是業務行銷、生產製造、財務會計、人事訓練、資訊管理，還是研發企劃。這時這個問題的導引方向，需要考量自己的個性內涵。例如，若你是在電腦公司工作，那麼，想要在電腦公司中推銷電腦、製造組裝電腦、管理會計帳目、從事電腦人才培訓，或是企劃研發新的電腦產品與規劃市場策略，這需看自己平時是善於處理人際關係、善於處於事務先後順序、善於處理各種報表資訊而定，因為在自己個性上傾向於人際、事物、資料的不同層面，會使得在從事這些工作時，產生處理上的明顯效率差異，即會有事半功倍，或是事倍功半的明顯差別，以下進一步說明。

　　若以企業部門或單位來區分。行銷業務或是談判開發上的事務，以及人事管理和訓練事務，這明顯牽涉到「人際互動」的層面，非常適合善於處理人際關係，和善於應對人情世故的企業人和社會人來參與。再來，生產製造、品保維修、或是總務法務、秘書行政的事務，則是明顯牽涉到

「事物流程互動」的層面，非常適合善於處理機械事物，和善於釐清事務先後順序的實際人和行政人來參與。三者，資訊管理、研發企畫，或是廣告和產品設計事務，就明顯牽涉到「文字、數字和符號互動」的層面，非常適合善於處理各種文字、數字資訊，和善於面對音樂、美術、藝術符號的研究人和藝術人來參與。

你若是對於自己的能力和性格有充分的認識，就容易落入信任自己能力的當中，進而提升日後的成就。

三、事半功倍有竅門

日本**小島清教授**（Kiyoshi Kojima）提出**比較優勢**（comparative advantage）理論。就是你透過遵循**要素稟賦**（factor endowment）的運作機制，來建立稟賦優勢，就能夠擁有最佳利器，事半功倍，少發力氣，獲得職場競爭力。

在國中和高中時，筆者很喜歡逛舊書攤，那時筆者常去松江路光華商場舊書攤，和牯嶺街舊書攤（如今都已經拆除消失），筆者喜歡躲在書堆當中看書，在學校經常被選為學藝股長。到大學時期，筆者先後擔任著班刊、社刊、校刊的編輯工作；在課堂上抄筆記功夫超棒，被稱做「筆記王子」。這些充分顯露出筆者的個性和能力是個資料取向的「研究人」。大學畢業前，筆者曾經想要當中醫師，所幸有位大學教授告訴筆者，筆者的人格特質斯文，並不適合擔任中醫師，反而適合擔任中醫學老師，這引導筆者轉而投考研究所，順利考上經濟學研究所，走出正確人生的第一步。

筆者從小喜歡整理物品、編輯資料。喜歡將衣服摺疊整齊、將玩具整理歸位、將房間打掃乾淨、將書本排列整齊。在學校念書之時，筆者就將上課抄的筆記，整理的井井有條，回家後特意重新整理，使用紅、藍、黑三色的原子筆來抄寫，製作出一份完整的筆記，令人驚艷，因此大家都稱

呼筆者爲筆記王子。

在學校時，筆者陸續擔任多種刊物的主編或專欄編輯，也是永遠的學藝股長，這成爲筆者的正字標記。在學習英文時，因爲很多英文字彙參考書的英文字彙排列，都是按照英文字母順序來排列，筆者覺得這樣不利我背誦英文單字。於是筆者刻意整理所閱讀的英文單字，重新整理出所要使用的英文單字記誦讀本，按照人、事、時、地、物來分類排列，讓它綱舉目張，規矩次序分明，來背誦、記憶英文單字。

在從事研究工作時，筆者擔任助理，很快的就將研究討論主題中，所牽涉到的相關文獻和參考資料，迅速整理妥當，整理撰寫成文獻回顧和產業概況，這些使筆者很被主管欣賞，而有「第一快手」的美譽。

而筆者的第一份工作是選擇到中華經濟研究院擔任約聘研究助理的工作，這份工作非常合適筆者的「研究人」特質，因爲這份工作經常需要撰寫研究計畫書、研究進度報告、研究結案報告初稿，也需要執行電腦程式作業，這更使筆者的文字編輯和經濟分析能力得到有效發揮。後來因爲工作表現優異獲改聘爲正式研究人員，並且獲得繼續進修博士班的機會。筆者並在向上帝懇切禱告下，獲得蔣碩傑院長特准，得以留職帶薪進修深造，並獲得博士學位，這是上帝的美好祝福。筆者博士畢業繼續在中華經濟研究院擔任研究工作，以及後來在大學擔任教授，從事教學與研究工作。由於個性與工作十分適配，使得筆者工作如魚得水，事半功倍，因此順利且快速升等正研究員與正教授。

在學校教書時，筆者則是將教學教案妥善整理，愼密編輯成數本專業教科書，陸續經由出版社出版。筆者心想，這就是獨特的筆者，是上帝所創造最特別的自己，筆者絕對是與眾不同的。這就是筆者，如假包換的筆者，是上帝絕佳設計的飛鷹，筆者正飛往上帝的高處。

第二節　合適行業

你也需要學習怎樣透過個人的「興趣」，選擇合適的產業（行業）工作，來找到你熱愛工作的動力。就是用自己的興趣，來挑選適合的工作行業，例如：餐飲業或汽車業。這裡的興趣包括「喜愛做的事情」、「自發性從事的活動」、「偏愛的事物」等。行業則包括食品、衣飾、住宅、運輸、化妝品、電子資訊、金融、旅館、旅遊、文化創意等產業。

一、興趣指引行業

需要按照你的興趣來決定你要選擇從事哪一個行業。例如，你已經知道自己適合從事業務工作，那麼你要決定在金融銀行業推銷信用卡、在汽車業銷售汽車、在食品餐飲業販售美食，或在化妝品業銷售化妝品，這需要看自己平時是喜歡逛什麼商品的店家來決定。這是因為你若是會喜歡這個商品，自然就會深入了解這個商品的特性、功能、組成，以及誰是最常使用的顧客，這些絕對能對自己的銷售業績加分。

又如，你的個性適合會計出納方面的工作。那麼，要決定在服飾業、食品業，或是在電腦業擔任會計工作。這時就需要看自己平常究竟是喜歡吃美食、喜歡趕流行穿時尚服裝、喜歡開汽車，或是喜歡賞玩電腦組裝周邊器材來決定。

由興趣指引行業，有兩個理由：

第一，從興趣來的產品聯想：在自己的工作場合中，出現的會計帳目會是美食業的冰淇淋數個、時裝業的短袖上衣數件，或電腦業的筆記型電腦數臺，這些是工作上每天都會接觸到的事。若是這些商品能夠吸引你的眼光，引起興趣，甚至是你早就已經是該產品的愛用者，那你的工作自然就會產生許多產品和品牌聯想，使得工作氣氛充滿樂趣，進一步提升工作生產力和滿意度。

　　第二，你在工作過程中，經常會需要閱讀這個行業的專業雜誌、書報或網頁，來掌握市場和技術的最新發展脈動，並且學習這個行業的專業新知和專業知識。若自己非常喜愛這個產業的產品，便會在閱讀專業雜誌、書報或網頁時，深具趣味，提升閱讀意願和知識吸收動力。這明顯會影響你在這個領域的熟悉度和專業成長速度，精進在這個領域上的專業知識和專門術語，進而影響工作上的表現機會、工作績效和晉升機會。

　　例如，小華在學校時即很喜歡呼朋引伴，並且比較哪一家餐廳的口味最棒，後來小華從學校會計系畢業，選擇到某家大飯店擔任會計專員，遂經常有機會比較各樓層的餐飲部門的菜色好壞，以及餐費收入和食材成本高低，由於小華的興趣喜歡品味食物，也很喜歡閱讀美食雜誌，了解新菜色和新烹調方法，小華和餐飲部門的經理們話題相近，自是打成一片，相談甚歡，也很快了解餐飲部門經營上的各種機會和困境，在相關會議中提出有力建言，也有機會執行若干專案計畫，並且表現傑出，深獲層峰激賞。不久之後，小華便有機會擔任飯店餐飲部門的副理，工作前途一片光明。

　　以下列舉常見的工作行業或產業別，包括和食、衣、住、行、育、樂、資訊、農林漁牧相關的各個行業，說明於後：

1. 與「食」相關的行業：包括食物的製作、加工、烹調、銷售等行為的行業。此行業的知名廠家。例如：萬家香醬油、一之軒麵包、王品牛排、鼎泰豐小籠包、鬍鬚張魯肉飯、星巴克咖啡、麥當勞速食等企業。

2. 與「衣」相關的行業：包括衣服的製作、紡織、修整、銷售等行為的行業，包括廣義的鞋類與化妝品。這個行業的知名廠家，例如：ZARA服飾、Uniquo服飾、G2000服飾、Hang Ten服飾、臺南紡織、LA NEW鞋業、伊莉莎白雅頓化妝品等企業。

3. 與「住」相關的行業：包括房屋的設計、建造、裝潢、銷售等行為的行業，包括廣義的庭園景觀在內。這個行業的知名廠家，例如：寶佳建設、遠雄建設、興富發建設、新光不動產開發、IKEA家飾、永慶房屋、信義房屋等企業。

4. 與「行」相關的行業：包括車船與飛機等交通工具的生產、運送、銷售等行為的行業，包括廣義的腳踏車與郵輪在內。此行業的知名廠家例如：裕隆汽車、賓士汽車、和泰汽車、長榮海運、中華航空、臺灣高鐵、臺北捷運、捷安特腳踏車、麗晶郵輪等企業。

5. 與「育」相關的行業：包括生育、養育、教育活動相關的行業，包括廣義的醫療、金控、殯葬在內。這個行業的知名廠家，例如：婦幼醫院、長庚醫院產後護理之家、薇閣中學、臺灣大學、美加補習班、臺新金控、臺安醫院、龍巖生命等企業。

6. 與「樂」相關的行業：包括各種娛樂活動、觀光休閒、影視媒體、旅遊等行為的行業，包括廣義的觀光飯店與博弈彩券在內。這個行業的知名廠家，例如：劍湖山世界、義大世界、東森電影戲劇、中國時報、錢櫃KTV、雄獅旅行社、東南旅行社、臺北W飯店、老爺酒店、大樂透運彩等企業。

7. 與「資訊」相關的行業：包括電機、電子、通訊3C相關的行業，包括廣義的半導體在內。這個行業的知名廠家，例如：臺機電、華碩、宏達電、微軟、蘋果、友達光電、三星、鴻海等企業。

8. 與「農林漁牧礦」相關的行業：包括自耕農、林業、漁業、牧業、採礦相關的行業，包括廣義的加工製造在內。

最後，在**赫蘭**提出的適配理論中，需要考量完整的四個配適（fit），分別是：

1. **個性和工作部門配適**（personality-job fit, P-J fit）：是個人的個性能力需要和工作的部門單位相互配合，這是本章第一節中「選擇合適的工作部門」的內容。

2. **個性和工作行業配適**（personality-industry fit, P-I fit）：是個人的興趣傾向需要和工作的行業相互配合，這是本章第二節中「選擇合適的工作行業」的內容。

3. **個性和工作組織配適**（personality-organization fit, P-O fit）：是個人的生活風格需要和工作的機構組織文化相互調合。基本上，個人和組織文化配適，無關乎個人的個性能力特質，而在於個人的心靈商數（SQ）高低，這是組織文化層面的議題，為個人如何和組織文化相互調適的問題。必須指出的是，工作組織的選擇並不是一蹴可及的事，需要隨著資歷和能力提升，慢慢達成目標。

4. **個性與工作人員配適**（personality-colleague fit, P-C fit）：是個人和工作的同事相互配合，基本上，個人和工作的同事相互配合，無關乎個人的個性能力特質，而在於個人的情緒商數（EQ）高低，這是屬於「生活」管理溝通能力的範圍。必須指出的是，請不要因為個人和工作同事無法相處而冒然離職，理由是這是個人溝通能力的問題。不論是轉換到何種工作，必定會由於個人的情緒商數因素，而碰到不容易相處的同事或上司，這時候需要提升個人溝通能力，而不是轉換工作，調換工作單位。

二、你站對位置了嗎

依照「人與事的配合」原則，來選擇工作，追問自己內心的真正想法：「我真的適合做此份工作嗎？」不要隨著社會時尚風潮、就業難易，

和家人支持與否，來選擇工作。發現真正屬於自己「適才適所」的合適工作。透過發現適才適所的合適工作，進而站對位置，輕鬆達成熱愛工作，工作不打烊的樂在工作景象。

羅曼羅蘭說：「生活最沉重的負擔並非工作，而是無聊和無趣。」的確，找到一份自己有興趣的工作，是一件令人快樂的事。

你若是真正做到了解自己的個性人格，真正分析好自己的興趣偏好便能夠有自信地，去選擇別人並不看好，甚至是被認為是「冷門」的工作或行業。也深信因為認識自己，和自己的獨特能力與興趣，你必然可以獲得最佳的工作績效與滿意度，進而獲得成功。

再說一次，去做一件你感興趣的低薪工作，所帶給你的快樂滿足，絕對會高於去做一件你不感興趣的高薪工作。你的工作績效也必然較高。你若是站對位置，工作能力就發展得越快和完整，對社會也就越有貢獻。你站對位置了嗎？

第三節　合適區位

你在職場上，若是站錯位置，必定無法發揮自己的才幹，甚至妨礙他人推動事務；然而若是找到合適自己的位置，就能夠在工作上如魚得水。

一、找到你的區位藍海

大地蘊藏無限生機，在不同地點往往會帶出不同的結果。因為不同的地點意味著不同的居住百姓，不同的風土民情，甚至是不同的種族文化，也是不同的商業機會。例如，曹操率領北方百萬大軍，軍士善於陸戰，不精於水戰，結果在赤壁一戰，敗給吳蜀聯軍。反觀諸葛亮上通天文，下通地理，善於掌握山川地形、水文風勢，終於能夠出奇兵火攻曹營。又如，二次大戰間德國希特勒的坦克雄師，在歐陸大地所向披靡，攻無不克。然

而卻在攻打莫斯科的途中，遭遇大風雪，坦克遭冰封成為廢鐵，坦克大軍遂被俄國軍隊所打敗。

臺北市區的珍珠奶茶競爭激烈，一杯售價不到30元，毛利微薄，然而戰場若移到紐約、雪梨或倫敦，卻奇貨可居，一杯珍珠奶茶竟能賣到200至300元。

鼎泰豐19摺小籠包的真功夫，傳到講究精緻飲食文化的日本，自然大受歡迎，數年內連開數十家分店，成長幅度甚快。

人生如下棋，下棋人都曉得，要掌握天時、地利與人和。一顆棋子若是擺錯位置，必定不能發揮原有的功效，甚至阻礙自己軍力的發揮。例如，象棋中車和砲本來就能直線前進，但若是困在九宮格中，反而無法快速行進。若卡在窩心處或塞住象眼，更是阻礙士或象的保衛功能，甚至導致將帥無法自由行動，造成「喊將軍」的全盤皆輸局面。簡單說，你需要在適合的地方發揮上帝賜給你的才幹。

例如：在臺灣相當知名的臺北蚵仔煎，若能夠轉換陣地到印尼雅加達銷售，就沒有競爭對手，成為藍海商品，奇貨可居。同樣的，彰化肉丸轉到馬來西亞吉隆坡銷售：臺南碗粿轉到泰國曼谷銷售、嘉義雞肉飯轉到越南胡志明市銷售、基隆天婦羅轉到菲律賓馬尼拉銷售等，必能創造出不同凡響的商機。但必須要指出的是，販售藍海商品固然是少了競爭對手，然而，需要面對不同文化背景的消費者，適應商品的問題。例如：如何使印尼雅加達的居民，接受「（臺北）蚵仔煎」這種不屬於他們生活習慣的食物；或是馬來西亞吉隆坡的居民，接受「（彰化）肉丸」這種食物；或是越南胡志明市的居民，接受「（嘉義）雞肉飯」這種食物，就有賴於後續的調整食物口味和精緻廣告的行銷活動。其實這並不困難，請試著回想臺灣消費者是怎樣接受「（義大利）麵」、「（日本關東）煮」、「（韓國）烤肉」、「（海南）雞飯」、「（星洲）米粉」等異國食物的過程，

自然不難找到答案。

產品若沒有辦法發揮獨特的競爭優勢，必定會掉進產品同質化、無差異化，激烈競爭的市場中。只能從事流血的殺價競爭，進行價格割喉戰爭，踏進血流成河的**紅海**（red-sea）。這時只有提供顧客具高度吸引力的獨特價值，才能夠擺脫紅海，到達藍海，成為特定市場的領導者。

同樣地，你的個人獨特優勢是在你的價值創造能力上，即在價值鏈中，做得比競爭對手更加突出的地方。例如：全新點子、卓越品質、完善顧客關係、或快速運輸等。這時需要創立**獨特賣點**（unique selling point, USP），要能「與眾不同」。這樣才能夠拉住專屬於你自己的顧客，顧客也不會被對手搶走。

筆者在研究機關從事研究工作時，每當完成一項研究計畫後，筆者的主管便協助我，一起將研究成果改寫成英文論文，投到歐洲國際學術期刊中發表。這在當時的學術界，是較少見的舉動。主管告訴筆者這樣做的理由有三，第一，用英文撰寫可以流通到歐美先進國家，用中文撰寫則只能在臺灣流通，文章的能見度明顯較低；第二，本研究機關有聘雇外籍人士擔任英文祕書，英文程度甚佳，可以無償修改學術論文；第三，歐洲學術界對臺灣和亞洲國家都相對陌生，如此投稿的錄取機會相對較高。後來，主管和筆者的文章陸續在歐洲的期刊中發表，開創出全新的學術研究藍海。筆者更因為持續努力研究，如願升等成為教授，到國立大學任教職，這是上帝的美好祝福。

不論做什麼樣的工作，或早或晚，或多或少都會碰到競爭的對手。例如，在巷口新開一家早餐店，但不久後隔壁巷子尾巴也開一家相同的早餐店；保險專員在推銷保險時，必然會發現同時有很多保險專員向同一位顧客推銷保險。在這時，屬於自己獨特的價值便很重要，這是你擁有的特殊優勢。你需要在同類產品中，創造出和他人不同的價值，才能吸引到專屬

於你自己的顧客。這是管理上**金偉燦**（Chan Kim）所提出的「**藍海策略**（blue-sea strategy）」。就是你需要到一處能夠發揮個人才幹的地方，這個地方沒有強勁對手的競爭威脅，以引領你找到自己的生命藍海區位。

某一天在馬來西亞，筆者和某教授朋友搭客運巴士到麻六甲地區，中間經過一處觀光市集，某教授下車購物，沒想到錯過發車時間，車子已啟動開往下一站，筆者一個人枯坐在車上，面對陌生的國度，心裡十分擔心。

然而，在車子到達終點站時，這位教授竟然在站牌旁邊笑著向筆者揮手，筆者高興的跑向他說：「你怎麼會這樣快就能到這裡？」教授朋友微笑著說：「我租一輛摩托車騎過來，因為我知道這一班客運會繞遠路，所以我騎著摩托車，結果反倒是比客運快點到達呢！」

教授朋友繼續說：「事實上，到達目的地的方法絕對不只有一種，有人坐公車，有人搭火車，有人搭船，有人騎腳踏車，各種方式都很好，事實上，換個方式也能做得到。」

後來，筆者逐漸發現，雖然自己不善於勇闖他方，爬山涉水；對於開車、游泳、接觸陌生人都有那莫名的恐懼。但是對於書寫、整理文案卻比別人更有心得。如今筆者成為一位教師，每當需出外旅行時，教授朋友的那一句話：「換個方式，也能做得到」，便不時在耳際響起……。

有道是：山窮水盡疑無路，柳暗花明又一村。美味來自不同地點，象徵地點的多變性，那一定能夠峰迴路轉，引人入勝。因此，成功職人能夠善於觀察形勢，借力使力，藉由藍海策略，以小博大，出奇制勝。

二、價格價值大不同

最後，必須要指出的是，職人在合適的部門、合適的行業、合適的區位下，通常較能夠有所發揮，獲得較高的收入。較高的收入代表著你

這個商品，已經被標上較高的價格，獲得較多別人的注意和讚賞。當然這也代表你有更多的資源和更多的機會。但是這並不代表你有較高的價值。因為你的價值跟你的所工作中做的事情內容無關。也跟你的收入多寡、職位高低，沒有任何關聯。例如，同樣是具備實際人的性格。某甲是計程車司機，他的工作收入不高，社會地位較低，也沒有什麼可用的資源。某乙是飛機師，他的工作收入較多，社會地位較高，有較多的可用資源。但是，某甲和某乙的生命價值卻是一樣的。這必須成為你內心的穩固基礎，不然你將會淪為名利的奴隸而不自知。再說一次，「人」這個字的英文是「human-being」，而不是「human-doing」，人的價值是「所是（being）」，而不是「所做（doing）」。

當然，人往高處爬，水往低處流。職人仍然需要努力向上，努力學習專業知識，提升自己的專業能力，提高自己在工作上的「附加價值（value-added）」。藉此獲得雇主青睞，願意用更高薪資來聘用，來取得更高的工作收入，從而獲得更多可用資源，建立幸福家庭和美滿人生。

第十二章　面對明天

夜闌人靜，面對真實的自己，

也期望擁有更美好的明天。

面對明天，你是抱著滿滿勇氣和充足信心，

雄赳赳、氣昂昂的迎向未來；

還是，像洩氣的皮球癱軟在地上，

雄心壯志早就被失敗和挫折消磨殆盡？

關鍵在於你是否樂觀以對。

第一節　明天您好

今天就要過去，明天即將來到。你怎樣面對明天，對明天的態度是什麼。這就和你是悲觀的人，還是樂觀的人密切相關。

悲觀的人對明天不抱希望。他抱怨風向不順，總是對不順的事情問「Why」，掉進情緒困境的窠臼中而不自知。

樂觀的人對明天懷抱希望。他調整風帆航向，總是對不順的事情問「How」，努力找出可以解決問題的方法。

樂觀的人對明天懷抱希望。他期待風向改變，總是對不順的事情問「When、Where」，發現可以改變的時間和地點。

一、樂觀的眼睛

悲觀的人是相信身邊所發生的他認為各種不好的事情，包括配偶和家人中間的爭吵行為，都是他自己的錯，是他自己不好。這些不好的事情

會毀掉他的一切，並且會持續很久很久。他會表現出沒有希望，只對自己要做的事情感到悲觀；會一直告訴自己情況有多麼糟，困在沮喪的情緒當中。

樂觀的人是相信身邊所發生的壞事情，包括婚姻、家庭和事業，都有它自己的原因，不一定是他自己的錯，有可能是環境、是周遭他人，或是壞運氣的結果。他認為這些不好的事情並不會毀掉所有的一切，而且只是短暫的情況。

例如，小時候，筆者的爸爸和媽媽常常吵架，爸爸甚至賭氣不回家，離開筆者。對還是小孩的筆者來說，覺得很生氣，但是因為筆者的心中很愛爸媽，因此筆者不能對他們生氣。筆者便把這股怒氣「轉」到自己的身上。筆者認為：我總可以對自己生氣吧！並且找個理由來合理它。因此筆者就認為因為自己不乖，不好，做錯事情，才會惹爸媽生氣，所以爸媽才會吵架、走開。這樣的想法使筆者長大後，對生命感到悲觀，成為筆者心中的一股毀滅力量。

根據**反芻理論**（ruminaiton theory），悲觀加上反芻就會成為憂鬱症。悲觀是憂鬱症生長的肥沃土壤，特別是當環境不友善時，更容易經常反芻而快速生長。沮喪是思想失常，悲觀和反芻則是火上加油，因為常常分析它會加重它的威力，去行動不去想它，就可以打破它的魔咒。

對未來樂觀看待，是擁抱希望的第一步。擁抱希望的主要意思有二個，第一是對好事情能夠做出長久性和全面性的解釋，找出好事情的長久性和全面性的原因。第二要對不好的事情能夠做出一時性和局部性的解釋，找出不好事情的一時性和局部性的解讀理由。

二、相信明天一定會更好

「信心是對所盼望的事情有把握，對看不見的事情能夠肯定，有確

據。」當面對不確定的未來時，你的眼光以及內心，容易受到外界環境的發展來左右，以至於被風吹動搖擺，完全沒有定見。在這個時刻，需要運用信心的力量。信心就像是無邊海洋中的燈塔，船舶航行中的定下錨，能夠爲自己的思想方式定下界線，拒絕害怕恐懼的牽絆，而抓住纜繩，站穩腳步，對抗先天和後天學習到的無助感受。信心有三個基本原則：

1. 信心是要有把握

信心是對於所盼望的事情有把握。有把握就是找到可以「立足的點」，也可以說它就像是房地產的「所有權狀」，有了這一張所有權狀，你便可以對這間房屋主張你擁有的權利。當你有了這一個立足點，你的心中對所盼望的事情，有了確定的篤定感受，這是一份具有十足安全感的信心。雖然外面的環境沒有發生任何的改變，甚至是沒有任何可能好轉的跡象。但是你的內心中卻是這樣想著：「這件事情已經搞定、成就了」，這就是有把握的信心和樂觀。

2. 信心是要能肯定

信心是對於看不見的事情能夠肯定。能夠肯定就是找到好像事情已經成就的「確定感」，這就像是大學頒發的「畢業證書」，你擁有這一張畢業證書，你便可以前往求職、投考公職，或投考研究所，追求你的美好未來。「事情會照你所相信的點來成就」。在能肯定的信心之路上，你是在對的道路上。

3. 信心是要能相信和宣告

信心是照著你所相信的來成就，並且信心是照著你所說出來的話來做成。而你的信心更需要用你的口來宣告出來，因爲信心需要和行動相互配

合。當你用你的口來宣告信心，你的信心能量便開始啟動和運作。因此，只要你感覺到有這樣的信心，就要馬上用你的口將它宣告說出來。信心是所說的話和所相信的事的配合。

在有把握、能肯定、相信和宣告的信心道路上，你的明天一定會更好。

第二節　樂觀解讀

樂觀的人，就是一個正向面對明天的人。他具有樂觀的解讀風格和良好的自我形象。解讀風格和自我形象說明於後：

一、解讀風格

1. 兩種解讀風格

解讀風格（explanatory style），就是你看待事情的性格，是你會對自己說出「這一件事情為什麼會這樣子發生」，的一種習慣性的事件解讀方式。一般來說，有兩種解讀風格：

(1) 樂觀的解讀風格：就是從正面角度去看待一件事情。例如，出門碰到下雨天，就想到五花八門、五彩繽紛的雨傘、機車陣中的五彩雨衣、稻田有水可以灌溉等。樂觀的解讀風格能夠阻擋學習到的無助感受，不讓它發芽長大。

(2) 悲觀的解讀風格：就是從負面角度去看待一件事情。例如，出門碰到下雨天，就想到溼答答的、會感冒、容易跌倒、化妝糊掉、衣服溼了全身不舒服。悲觀的解讀風格會擴大學習到的無助感受，成為它的成長溫床。特別是當你遇到失敗挫折，例如：失去工作、配偶離去、子女不理睬、臥病在床時。你很容易產生悲觀的解讀。

　　你的解讀風格會帶出你對這件事的解釋內容，這會直接決定你會變得多麼的無助，或是變得多麼具有活力。你的解讀反映出你心中是「YES」，還是「NO」。你若是能夠用樂觀的解讀風格，就能樂觀面對明天。這是一種智慧，能夠正面解釋事情。這個智慧使你的臉發光，使你改變臉上的氣質。

2. 對壞事情的解釋

　　透過**海德**（Fritz Heider）的**歸因理論**（attribution theory），可以回答為什麼有人是高成就，有人卻是低成就。因為人們對於成功或失敗原因的看法或想法，會直接決定他是高成就或是低成就。

　　事實上，你對於惡劣環境、壞事情的解釋內容，會決定你會變得更加無助，還是你會起來抗拒挫折感。並且你會提出有效解決地方法，進而可以有效的治療沮喪。而你對於壞事和厄運的解讀習慣或解讀風格，基本上是你自孩童時期就已經養成的一種習慣，是你心中已經習慣的思考方式。

二、自我形象

　　你的解讀風格由你的自我形象所產生，也就是你怎樣看待你自己，在所產生出來。你是看自己很值得尊敬，很有地位；還是看自己是一文不值，沒有希望。例如，某甲看自己是人生勝利組，某乙看自己是成功人士，某丙認為自己是一個「魯蛇（loser）」。你對自己的看法會直接影響你是一個樂觀者，還是一個悲觀者。「因為他的心怎樣思量，他的為人就是怎樣」。

　　例如，大學教授轉任內閣卻治國無方，大學教授的科技部研究經費報帳不實，以及部分大學教授牽涉到聲色場所等新聞，媒體炒的沸沸揚揚，筆者就困惑了，覺得自己的教授光環不再，甚至認為自己在社會上抬不起

頭。這個時候，教會牧師的一句話如雷貫耳的點醒筆者：「若是沒有經過你的許可，沒有別人能夠隨便就貶低你，筆者你要為你的自我形象負起完全的責任。」筆者樂觀起來，重新肯定自己，有了全新的解讀風格。就是筆者有權利決定要不要接受它、同意它，甚至是讓筆者成為別人所說的那個樣子。嘴巴是長在別人的臉上，就隨他去說，但筆者可以決定自己要怎樣回答別人。

三、好事放大壞事縮小

根據幸福學之父**賽利格曼**（Seligman）的說法，有三方面的解讀風格，包括時間上的長久性、空間上的全面性，和人我上的內化性。樂觀的人在這三方面的解讀風格說明於後：

1. 時間向度

首先是時間向度，是從事情的長久性長短來解釋，就是判定這件事的**恆常性**（permanence），是永久的或是一時的。一個樂觀的人的時間向度解讀風格就是：

(1)好事情是長久的

樂觀的人會將好事情歸因到長久性的自己的人格特質身上。樂觀的人會有一個樂觀的解讀風格，會相信好事情是「長久」發生的，是和自己的能力或人格特質高度相關。因此他會將好事放大發生、壞事縮小範圍，也會在成功後，更加倍的努力。例如：樂觀的道通在管理個案比賽中獲勝，他會這樣解讀：

「蒙上帝恩待，我一向運氣很好，所以一切順利（*而不是今天是我的幸運日*）；蒙上帝恩寵，我就是很有才華，得以發揮才能（*而不是這些日子我很努力*）；蒙上帝保守，我的對手很弱（*而不是我的對手很疲*

倦）」。

(2)不幸事情是一時的

樂觀的人會將不幸的事情，歸因到一時性的情緒或努力上面。樂觀的人總會認為壞事情是「有時候」、「最近」發生的事件，而將壞事情看成是一時性的情況，並不是會長久發生。因此，他會在失敗之後，仍然不放棄努力。例如：樂觀的道通今天被老闆炒魷魚，他會這樣解讀：

「我只是最近太忙、太累了（*而不是我已經被淘汰了*）；我只是這一次做錯事（*而不是我這樣做永遠沒用*）；老闆今天的心情不好（*而不是老闆是個大混蛋*）；我最近比較沒有做好準備（*而不是我向來都沒有做好準備*）」。

2. 空間向度

空間向度是從事情的全面性大小來解釋，就是判定這件事的**普遍性**（pervasiveness），是一般的或是特定的。一個樂觀的人的空間向度解讀風格，就是：

(1)好事情是整體性的

樂觀的人會認為好事情，會增加擴大到他所做每一件其他事情上。樂觀的人有樂觀的解讀風格，他相信好事情是會「全面」、「普遍」發生的，和自己的能力或人格特質高度相關。因此，樂觀的人會加強做其他事情的信心。例如：樂觀的道通找到外商公司的工作，他會這樣解讀：

「我一定很有能力（*而不是我覺得我很有表達能力*）；在上帝賜福下，我很聰明（*而不是我的經濟學很好*）；在上帝引導下，我很懂得行銷（*而不是我很懂得顧客關係管理*）。」

(2)不幸事情是局部性的

樂觀的人會認為壞事情，是「特定」、「局部」發生的事件。樂觀的

人會將壞的事情，限制在該項事件上（只是這事無助），但不會影響波及到生活中的其他事情。樂觀的人會認為壞事情，只是局部（或特定）因素引起的，不用在意。例如：樂觀的道通微積分被當掉，他會這樣解讀：

「陳教授給分不公平（而不是*所有老師都給分不公平*）；陳老師很討厭我（而不是*我是一個令人討厭的人*）；這本微積分教科書沒有用處（而不是*讀書都是沒有用的*）。」

3. 人我向度

人我向度是從事情的是否內在化來解釋，就是判定這件事的起因的**個別性**（personalization），是自己的（內在化）或是別人的（外在化）。一個樂觀的人的人我向度解讀風格，就是：

(1)好事情是內在個人因素的

樂觀的人會認為好事情，是「個人」、「自己」的因素所引起的，特別是家庭和婚姻生活。樂觀的人會有樂觀的解讀風格。也就是相信好事情，都是由自己個人的原因所造成，和自己的能力或人格特質高度相關聯。他會喜歡自己的一切，並且對自己十分滿意。例如：樂觀的道通獲得個案比賽冠軍，他會這樣解讀：

「我的技術向來很好（而不是*我的隊友們的技術很棒*）；在上帝賜福下，我能夠善加利用好機會（而不是*這次完全是裁判們對我友善*）。」

(2)不幸事情是外在環境因素的

樂觀的人會認為壞事情，都是「環境」、「別人」的因素所引起的，實在不足為意。樂觀的人會認為壞事情，是由於「外在」的事情。樂觀的人會將壞事情外在化，歸因到周遭他人或環境，但不會因此失去自尊。例如：樂觀的道通在個案比賽中失利，他會這樣解讀：

「這次只是因為我的隊友失手（而不是*我很愚蠢*）；這次是對手很懂

得個案分析的技巧（而不是*我對於個案分析一點天份都沒有*）；是因為我沒請人教我個案分析（而不是*我根本沒有資格參加個案比賽*）。」

第三節　練習樂觀

一位樂觀的人，總是懷抱著希望，相信明天會更好。於是他能夠帶著微笑入夢，而且躺臥睡得香甜，然後歡喜迎接明天，對明天說聲：明天您好。樂觀是需要勤加練習，說明於後：

一、練習樂觀初階

「練習」樂觀需要建立心智圍牆，艾利斯（Albert Ellis）的「**ABC模式**」是一套好方法。所謂的ABC模式就是「壞事件─衝擊信念─結果」模式，是一個人對壞事情，所做出的**真實時間回彈**（real-time resilience）模式，又名**ABC回彈力模式**。A是不愉快事件、B是信念、C是結果。應用ABC模式包括三個步驟：

1. 不愉快事件（A）

「A」是指**不愉快事件**（adversity, A），是特定事件。就是四周發生使你感到不舒服的事情，包括生活中各種大小不如意事物。例如，老闆今天對某甲大發脾氣，大罵報告品質太差、業績沒有達標。或如，家裡電燈不亮、電視機故障、水管漏水、孩童哭鬧、突然增加的帳單開銷。還有同事扯你後腿、老闆不高興、家人大聲吼叫、和配偶吵架等。

這時請先記下事情的本身、忠實記錄這時實際發生的情況。例如：發生哪些事情、關係人之間的對話內容、彼此所做的事情，這些事情是怎樣的使你感到不愉快。這時候不需要進入你對此事的評斷。例如，最近我很倒楣、我工作效率差、我做人失敗、老闆十分冷血等評斷。因為這些評斷

是一種價值判斷，跟這件事情並沒有關聯。

2. 信念（B）

　　「B」是指**信念**（belief, B），是對於這件事的想法、看法，是你從心裡自動浮現的解讀念頭，就是你對於這個不愉快事件的解釋，而這個解釋是你心中信念的結果。你需要寫下你個人的想法，以及背後的信念，例如，老闆對某甲生氣，某甲想他完蛋了，某甲的工作不保，前途黯淡。再如，這棟房子已經很老舊是該整修了、我的開銷很大太過於浪費了、這個孩子可能是尿布溼了、這位同事是一個非常自私的人、今天老闆可能是心情不好、愛妻的工作壓力很大等。當然，這個解讀是不是正確，仍需要做進一步的澄清。

　　這時不需要進入你當下的感覺。例如：我很生氣、我很憂鬱、我很悲傷、我實在很高興等感覺。感覺是真實的，但沒有辦法評估是對或錯。

3. 結果（C）

　　「C」是指**結果**（consequence, C），是這個念頭所產生的後果，引發的情緒感受。這時的情緒並不是起於外在的事件，而多半是因為你對於該事件的看法，所產生的結果，就是經過你的想法或念頭後，你產生的感覺和你後來的行動。例如，某甲很擔心害怕，於是晚上到公園走走散心，差點被一群野狗咬傷；再如，你覺得很生氣、傷心、焦慮、難過等；以及後續計畫要叫他道歉、對他大吼大叫，摔碎兩個玻璃杯、回去大睡一覺、拒絕討論這件事情等。

　　例如，筆者在國立大學任教時間，有次在醫院進行例行的健康檢查時，被診斷肝臟長出兩個腫瘤，這是一個不愉快事件。那時筆者的心中浮現很多念頭，包括「水質有問題，這下我得癌症了。」「聽說學校很多老

師都很苦悶，都得了癌症，這下我逃不掉了。」這顯示出筆者的個人信念，筆者心裡苦悶，覺得很無助，也很擔心。後來，聽愛妻的建議到另一家醫院再檢查一次，結果確定是誤診，肝臟只是長出兩個水泡而已。現在回想起來，面對疑似肝腫瘤的事件，那時筆者聯想到水質和教師同事苦悶症候群，真是沒有道理，非常可笑。也可以看出筆者的信念需要再調整。

　　當你做完ABC模式，發現自己的解讀風格是悲觀的人，你有兩條路可走：第一是想辦法轉移自己的注意力，儘量想些其他的事，忘掉這件事。第二是努力去反駁你的解讀念頭，這是長期下比較有效的方法。因為這樣可以減少出現悲觀的解讀念頭，你也比較不會進入沮喪或憂鬱。你沒有辦法改變環境，但是你卻可改變自己的想法，並用正確的想法來減輕ABC的歷程。避免產生過度概括（over-generalizing）的偏執，就是避免用某一個單一事件，來評判你自己的價值或能力。這是練習樂觀初階。

二、練習樂觀進階

　　若是要直接面對問題，艾利斯（Albert Ellis）的ABCDE模式便可派上用場。這是**真實反駁負面思想**（real-time argument）的模式，又名**反駁力ABCDE模式**。ABC的意思同上，D是駁斥、E是慶賀。

1. 駁斥（D）

　　「D」是**駁斥**（disputation, D），就是反駁ABC中的信念「B」。這時的「D」是反駁，就是反駁你自己深藏的信念，反駁自己的信念冰山，打破自己的「**冰山**（icebergs）」。你需要和你內心解讀的念頭爭辯，和它爭鬥。因為只有做好有效的反駁，勇敢打破自己的信念冰山。你才能重新建立新的想法和新的習慣，使你脫離負面和悲觀。

　　你要知道，這個信念「B」只是一個想法，它可能是真實的，也可能

不是事實。你需要誠實的面對內心這種信念「B」的指控，特別是對自己的不合理指控。要試著對它保持距離，並且直接駁斥它。因爲你會被它欺騙，認爲這個指控是來自內心。所以你認定這個指控一定是眞的，這實在是一個天大的謊言。要知道上帝所賜給你的，不是一顆膽怯的心，而是剛強、仁愛、謹守的心。所以，儘管放心、放膽，去駁斥「D」這個信念「B」吧！

例如，接著上面的例子，老闆大發脾氣，某甲以爲這下完了，工作不保，前途黯淡。其實這個想法不一定是對的。因爲可能是老闆昨天被太座念，今天心情不好，想找個人發洩。而某甲剛好碰上這個時間點，成爲老闆發洩情緒的可憐蟲。當然也可能是老闆誤會某甲，或是還有其他的理由。

駁斥就是學習和自己爭辯，包括駁斥的心態、駁斥的事物，和駁斥的方法：

(1)駁斥的心態

駁斥的心態就是準備反駁，就是先察看心中的念頭，採取下面三個行動。

(a) 知道自己心中的反射意念（如「工作不保，前途黯淡」），這需要被檢查。

(b) 找出自己心中的反射意念，和背後所隱藏的冰山。

(c) 將駁斥付諸行動。

你需要先拉開你和這個悲觀念頭之間的距離，檢查你的解讀風格。就是檢查你的內心反射反應的信念，是否眞的正確。這個時候，你要先對自己說：「且慢，這個想法有問題。它太武斷、太偏激了，這些想法事實上並不一定眞的會發生。」

你要相信，這只是一個念頭，並不代表你就是這樣的一個人。你要使

用反駁的工具，反駁你面對不愉快事件時，心中自動產生這個無厘頭的解讀。你需要專心思考，你怎樣可以改變情境，並且阻止不要將這個不愉快事件，惡化成為災難。就是避免擴大事端，甚至殃及無辜。

例如，某甲要反駁自己的「工作不保、前途黯淡」的想法，以及阻止擔心害怕情緒的產生。進而阻止深夜到公園散心，這樣某甲就不會被一群野狗狂追、咬傷了。

你可以使用「聲音外化」的技巧，請一位朋友在旁邊對你大聲說出你的負面想法，然後你再大聲的反駁。強調事情沒有像你朋友講得那樣糟，並且大聲回答說：「這個想法是大錯特錯的。」你若是能夠改變你面對不愉快事件時的心理反應，你便能夠更有智慧的應付外面的各種挫折。

例如，筆者在私立大學任教時，有心轉換教職，這時面對「我已經是正教授了，轉換學校是不可能的」的念頭，筆者勇敢對它說：「這個想法是大錯特錯的。」宣告一切是由上帝決定，而不是由別人決定。結果就在正確的駁斥心態下，事情有奇妙的轉圜，筆者轉到喜歡的國立臺北大學任教。

(2)駁斥的對象

駁斥的對象就是所謂的「信念冰山」，這時需要面對自己的冰山，問自己下面的幾個問題。

(a) 首先要問，「這個冰山的名字是什麼」，為它命名。例如：被人拒絕就是完蛋了、向別人求助就是弱者、老闆罵人就是天塌下來、被女友甩就是沒用的男人、考試落榜就是世界末日等。你需要指認出自己的冰山，因為冰山會持續長出想法以及連帶的情緒。

(b) 然後要問，「這個冰山對我還有什麼意義」？這個冰山在這個情況下是否仍然正確？這個冰山是否過於僵化？這個冰山對我是否還有用處？問這個問題來強化你駁斥冰山的意願。然後你便會發現這個信念冰

山，慢慢開始融化、縮小、消失了。

(3)駁斥的操作

賽利格曼指出，駁斥冰山有三個方法，就是提出證據、提出其他可能性、指出當中的含意，說明於後：

(a) 提出證據

第一是提出證據，提出具體、數量化、學理上的證據，來證明自己已經扭曲事實。

例如，某甲這個月工作很努力，已經達成公司規定的業績目標（如30萬元）。或是，這件事情已經請示過老闆，也照老闆的指示去做，並且有初步成果（如已經有180人參加）。

問自己，這個想法的證據在哪裡？相信大部分的證據是會站在你這一邊的。通常挫折後的負面想法都是錯誤的。因為大多數人都會選擇最壞的可能性，將一件小的壞事情，看做是一件大災難。

提出證據絕對不是所謂的「正面想法的力量」。正面想法是去相信一句樂觀的話，例如：「我是最棒的」、「我會越來越好」、「我的能力越來越強」等。但是，這些話很有可能只是安慰劑，並沒有什麼事實根據，也不能提高你的心情和你的績效表現。你反倒是應該要正確的引用科學數據，來反駁自己那已經被扭曲的解讀想法。

例如，筆者的父母和兄長在筆者年幼時，曾說：「你只會死讀書，你是百無一用的書生，你是個沒有用的人。」結果筆者聽進這些話，成為內在誓言，導致負面自我形象。後來筆者透過回想年幼時的生命故事，記錄下當時事件發生時的對話。勇敢的駁斥這些話，筆者對自己說：「筆者不是死讀書的人，筆者讀書能夠作育英才、貢獻社會」、「筆者不是百無一用的書生，筆者已經是大學教授」、「筆者不是沒有用的人，筆者是兩個孩子的好父親。」勇敢的提出證據，並且撕掉這些黏貼在自己身上的錯誤

標籤，這樣做便重建了筆者破損的自我形象，從而開始建立正面的自我形象。

(b)提出其他可能性

需要提出還有其他的可能性，因為事情的發生（例如：老闆大發雷霆、業績沒有達標），都不是單一的原因。

你需要先蒐集可能的原因，再將重點縮小放在：

・特別的原因：例如，這次的產品不好賣，或老闆對自己的要求太高。

・可以改變的原因：例如，時間太倉促不夠準備銷售，或今天開會時開小差。

・非關個人的原因：例如，主任計算銷售業績的方式不公平，或老闆最近跟他配偶的關係很緊張。

悲觀人士會找最糟糕、最可悲、最陰毒、最具殺傷力的想法，來摧毀自己。例如，會認為自己完蛋了，工作不保、孩子會餓肚子、房子會被查封拍賣。

這時需要和自己對話說：「既然有這麼多的原因，那我需要用另外的方式，來看待這件事情。」也就是需要找出其他可能的答案，來反駁、駁倒、打破、替代原來習慣性的信念「B」。透過找出能夠反駁的理由，就可以找到真相。

例如，筆者被交往五年多的女朋友三振，並且女方在不久後就嫁給別人。發生這樣的事情，筆者覺得很生氣，很痛苦，被羞辱。筆者覺得自己很沒用，並且認定女人都很現實。因此筆者對自己說：「我不好，我是一個爛咖。」形成很羞愧的情緒和負面的自我形象。所幸筆者透過教會牧師幫助，反思並讓思緒回到分手事件的現場。於是筆者對自己說：「她沒有選擇我，不是筆者不好，而是她公司的男朋友（主管），發動緊密攻勢，近水樓臺先得月。」或「她沒有選擇我，是因為她待在商業界，筆者是在

學術界，兩人的差距實在很大，慢慢的雙方變得不合適了。」筆者使用提出其他可能性，來駁斥分手的這件事。使得這件事情沒有造成負面自我形象。筆者在重新認識自己後，對自己說：「我要重新開始，努力向上，發揮自己所長。」結果筆者用功讀書考上博士班，獲得管理博士學位並到大學擔任教授。

(c) 指出含意

指出含意是說明這樣想法的可能後果，想一想堅持這個想法有什麼用處。這時後可以使用**簡化災難法**（decatastrophizing），想一想就算這個負面想法是對的，那麼這樣想的後果，是不是具有破壞性。

例如，某甲自己宣判自己完蛋了，工作不保，前途黑暗，沒有希望。代表某甲自己只能貧病交迫，坐著等死，完全失去奮發向上的意志力。某甲再對自己說，這樣想對於自己有什麼壞處。例如：會得憂鬱症、將身體搞壞、結果是愛妻離開、兒子不理睬等。那某甲又何必緊抓住不放，造成更大的災難呢？某甲是不是應該換個角度，試著去想。要怎樣改變這個凶惡的狀況。

當不安的解讀想法持續出現時，利用「寫下來」，再加上「以後再去想」，是非常有效的。因為「寫下來」本身就是一種發洩，透過反覆思想的特性，提醒自己它的存在，來解除它的魔力。而「以後再去想」，會使它的目的沒有辦法立刻達到。因為你暫時不去想，它就會失去對你心靈環繞、轄制內心的目的，而失去目的就失去威力了。

你可以透過有效駁斥這個悲觀念頭，改變自己對被打敗的反應，進而更加有活力和朝氣。學習怎樣使災難性思想的殺傷力降到最低，就是要透過**練習樂觀**（learned optimism），來對抗悲觀的**學習無助**（learned helpless）。

2. 激勵（E）

　　「E」是**激勵**（energization, E），就是和自己一起慶賀。一旦你反駁成功，那就要對自己加油打氣，這就是自我激勵。透過正面強化的激勵，例如：讚美、鼓舞、物質犒賞等，來增強自己繼續重複這個動作的誘因。例如，我可以對自己說：「你做得太好了，你這一招真是了不起，這實在是應該好好的慶祝一下。」或請自己吃一頓美食，或是喝一杯飲料，犒賞自己做出反敗為勝的事情。

　　例如，筆者完成博士後研究，和家人到美西自助旅行一個月；在完成升等副教授時，和家人去紐西蘭為期五週自助旅行；在完成升等正教授時，和家人到歐洲五國半自助旅行三週，這些都是筆者和自己和家人一起慶賀的例子。

三、愛麗絲的仙女棒

　　最後，能繼續保持樂觀要掌握住三個原則，才不會整個人垮掉，充滿害怕、自己嚇自己，也不會因為一個小小的風吹草動就把你整垮，甚至是突然來的驚嚇就完全抓住你。

　　第一是「誰（Who）」，你自己，這是你自己要做的事情。你要保守你心，勝過保守一切。

　　第二是「什麼（What）」，保守的動作。這是保護看顧，要全力以赴的保護（guard）。要透過好事放大，壞事縮小來保護。

　　第三是「對象（Whom）」，心的本身，要相信上帝愛你，使你的心受到安慰。正如重要的事物都要買保險。就像你的身體、房子，和車子都購買各種保險，那麼你的心是否有購買保險呢？

　　總而言之，你要多思想正面、光明的事物，巧妙的使用愛麗絲的仙女棒。透過ABCDE的五步驟技巧，積極「練習」樂觀，打擊你的負面思

想。一旦你多加練習思想正面事物，養成反駁負面念頭的習慣。你每天的生活自然就會好過的多，你也會覺得快樂的多。相信在「練習」樂觀後，你就會漸漸從悲觀走向樂觀，成為樂觀的人。因為所有各樣美善的事物，和各樣的全備賞賜，都是從上頭來的，從上帝那裡降下來的；在上帝並沒有改變，也沒有轉動的影子。

　　現在就找一件你挫敗的事件，練習用ABCDE模式和自己練習對話吧！

1. 扼要說一說這一件事情發生的始末（A）。

2. 你對這樣一件事情的解讀想法和信念（B）？

3. 為什麼你會這樣的想呢？

4. 這個想法和信念帶給你什麼樣的心情感受？

5. 你後來做出什麼樣的事情（C）？

6. 你怎樣駁斥，來反駁自己的冰山（D）？

7. 這時你提出什麼證據或哪些其他可能性呢？

8. 你又怎樣跟自己慶賀呢（E）？

第十三章　安眠入睡

夜深了，是到了要休息和睡覺的時間，

這時候的你，帶著微笑入夢嗎？

還是會帶著害怕、擔憂入睡呢？

你會睡得好嗎？

會一夜好眠，睡一覺起來活力百倍，

還是會在床上翻來覆去，心煩思緒縈繞，

會直到半夜深更，還是睡不著呢？

這是你必須要關心的問題。

第一節　你失眠嗎

上班好忙、好累，心中的石頭好大。這重擔壓得你抬不起頭來，整個人無精打采。這是壓力在作祟，壓力壓在你的心頭上，使你喘不過氣來，而壓力經常是造成你無法微笑入夢、睡不安穩，甚至失眠的原因。

一、失眠為哪樁

睡眠是**馬斯洛**（Maslow）人類需求層級中的基本生理需求，一個人不論是怎樣名利雙收，或是怎樣失意窮困，都需要安眠入睡。安眠的相反詞是**失眠**（insomnia）。失眠就是睡眠發生障礙，這雖然不是什麼大疾病，但常造成身體、精神上的許多困擾。失眠的原因包括：

從病因學上來看，失眠可以分成原發性失眠和次發性失眠兩類。其中原發性失眠多來自於遺傳上的基因問題，很難找出原因。次發性失眠則是

來自於外界的環境。又可細分成三種：

1. 精神疾病的失眠：是由於緊張、壓力、焦慮、適應障礙造成失眠。還有憂鬱症、躁鬱症、精神分裂症等內因性的精神病，也常導致失眠。

2. 身體疾病的失眠：是由於身體疾病影響到睡眠，最常見的是疼痛。疼痛會讓人痛得睡不著覺，或半夜痛醒。例如：頭痛、胃痛、心絞痛、關節痛等。還有甲狀腺功能異常、腎功能異常、巴金氏症等疾病等造成睡眠障礙。

3. 藥物引起的失眠：是由於藥物（或食物）造成的失眠。例如：酒精、含咖啡因的飲料、類固醇、降血壓藥等。

當你睡得不好時，請先自我評估一下。你是不是有精神、身體疾病、環境因素。例如，最近有沒有什麼工作、財務、情感的壓力？有什麼使你很傷心難過、很生氣憤怒，或是很興奮的事情？是不是因為換地方睡覺？或是身體上有病痛等。

二、失眠的內容

失眠的型態可分成入睡困難型和睡眠維持困難型兩類。

1. **入睡困難**（difficulty falling asleep）：是躺在床上，輾轉反側，通常需要一兩個小時才能入睡。發生原因主要是緊張、壓力、焦慮，或身體不舒服等。

2. **睡得不安穩**（restless sleep）：是時睡時醒，一旦半夜醒過來後就很難再入睡。發生原因主要是憂鬱、躁鬱、精神分裂，或身體疾病等。

在失眠時間長短上，失眠可分成短期失眠和慢性失眠兩類。短期失眠多因為生活特定事件、心理壓力、睡眠環境問題所引起，當這些因素消

失，失眠就會消失。慢性失眠的起因和短期失眠類似。只是這些因素一直未獲改善，或是沒有被適當關注，使得失眠一直持續。失眠的人每晚睡前，就開始擔心會睡不好，這種擔心讓他的焦慮感和緊張情緒增加，反而更容易睡不著。這樣造成惡性循環，睡不著覺更加擔心，擔心睡不著更睡不著覺，導致長期的失眠。

若是自己找不到原因，或是失眠持續下去，對生活產生困擾，就應該儘快看醫生，請不要自行購買安眠藥吃。你需要透過專業檢查和評估，對症治療，才不會耽誤病情，或因為處置不當，形成長期慢性失眠。

三、面對失眠要不憂慮

在這個時候，職人需要不要憂慮，要知道你有「不憂慮」的權利，這是職場中很重要的軟實力。憂慮是對某一件事朝思暮想，心思全部集中在這一件事情上，環繞不去，使你全身不舒服，結果就睡不好，甚至失眠。

憂慮有五個進程，你從擔心、煩惱、憂慮、焦慮到懼怕。這時你需要不去憂慮，避免進入憂慮的惡性循環中，變成憂鬱症，導致長期失眠，這就不好處理了。因為當你被憂慮所侵蝕，身體也要倒下。就像樹木被蟲子咬，樹身也會倒下一樣。憂慮是一種很不好的習慣，特別是在床上亂想事情，這會使你睡不著。要知道「床是用來睡覺的」，不是用來想事情的，躺在床上時頭腦就要強迫關機。因為憂慮就是毒藥，無毒才是關鍵。躺在床上時，若是開始憂慮，就要頭腦關機，清除憂慮的病毒。更重要的是，與其花時間憂慮，不如花時間禱告，這樣你就沒有時間去胡思亂想，因而導致憂慮。

仔細看，你憂慮的內容，你憂慮的事情中，太多的事情都沒有真的發生。你經常會為什麼憂慮呢？

1. **為生命、身體、健康憂慮**：你為生命憂慮，吃什麼，喝什麼。你為身

體憂慮，穿什麼。事實上，烏鴉不種也不收，上帝尚且養活它，何況是你我呢。

2. **為生活憂慮**：你為生活憂慮，有一連串的憂慮清單，憂慮會產生更多的憂慮，憂慮沒完沒了。

3. **為明天憂慮**：你為明天憂慮，那是未知的未來。事實上，等真正下雨時，再撐傘也來得及，我們每天只能活一天。你不要為明天憂慮，因為明天自有明天的憂慮，一天的難處一天擔就夠了。

事實上，人有昨天、今天、明天，三個擔子。昨天的擔子要放掉，今天的擔子好好挑，明天的擔子不去想。你需要天天抬頭挺胸，把握當下。例如，週三憂慮箱，你只能在週三才打開。若在週間碰到憂慮，就寫下來丟進週三憂慮箱中，寫完就放下，不要再憂慮。到週三時你會發現很多憂慮都已經解決了。又如，不要想中午要吃什麼，因為現在才九點多，要好好努力工作。

總之，要將昨天的事情放下，不要再拿回來；努力今天的事情，活在當下；把明天交給上帝，並且相信上帝知道你的需要。上帝必要看顧你，神必成全關乎你我的事。而且上帝說了算，因為上帝是信實的。而當你我今天相信上帝的時候，上帝明天就要行奇事。把明天交給上帝，因為明天是一條你我都沒有走過的路，就像是約書亞的腳一踏進約旦河的時候，河水就會分開一樣。故不要擔那明天的憂慮，就像是詩人大衛王的詩句：「我的心啊，你為何憂慮，為何在我裡面煩躁；應當仰望上帝，因我要稱謝祂；上帝是我臉上的光榮，是我的神。」

第二節　微笑入夢

晚上躺臥時，能把在一天的勞累上班後，工作所帶給你的身體壓力卸下來。就能夠帶來一夜好眠。就是紓解壓力讓它減輕對身體的影響，然後

再上床睡覺，就能微笑入夢了。

　　「**壓力**（pressure）」基本上就是你心中想要達成的期望「心想」，和真正發生「事成」的實際結果，兩者中間的落差。壓力就是「心想」和「事成」之間的差距。當你的心裡愈加看重某件事情，期望它一定要實現，愈發加給它價值，你就會愈發感受到壓力。當事情的發展不如你的期待，這也會產生壓力，需要進行壓力管理。如果把「心想」看做是需求，「事成」看做是供給，那需求大於供給產生短缺，就是壓力。這樣一來，面對睡不好的壓力問題就可以從兩個方向來處理：

一、壓力鍋中先減壓

　　第一是壓力鍋中先減壓，就是使用一些手段來降低身心所承受的壓力。主要是透過降低外界環境的干擾情況，以及增加當事人的承受力量，來對抗壓力。這是供給面的減壓，是典型上常用的方式，具體操作方式說明於後：

1. **預備好適合睡眠的環境**：首先預備好容易入睡的外界環境。這時候消極上要先排除噪音、光源等，會干擾你睡眠的外在因素。例如，播放輕音樂或完全不播放音樂，並且將室內燈光調暗。在積極上則是營造出臥房、床鋪、牆壁顏色等促進睡眠的外在因素。例如，選用優質的臥房寢具，並且臥房選用柔色系的牆壁塗料等。

2. **預備好自己的身心狀態來入睡**：讓你自己的身心準備好要睡覺了，這時候消極上要避免製造新的刺激和興奮，以免副交感神經過於亢奮，阻礙睡眠。例如，睡前三小時不要喝咖啡或茶等刺激性飲料、睡前兩小時不要運動以免身體太過於興奮、睡前一小時不要進食好讓腸胃消化完畢、睡前半小時不要看電視、電腦、手機，以免持續刺激腦部

等。在積極上則是讓自己的身心能夠放鬆，釋放疲勞身心。例如：睡前做深呼吸、躺一下按摩椅、緩慢散步、喝熱牛奶、洗熱水澡、泡溫泉湯、精油按摩等。

3. **預備好進行睡眠的儀式**：你可以安排一些既定的睡眠模式，讓大腦預備進入睡眠狀態。睡眠儀式既然是一種「儀式」，就是儘量每天維持固定的時間、固定的地點、固定的順序，讓大腦被制約，進入想要睡覺的情境。它並沒有標準的方式，但是大致上的概念，就是在晚上睡眠前一個小時，進行一些規律發生的活動，例如：十點鐘洗澡、喝牛奶、刷牙洗臉，十點半聽一段輕音樂、笑話、故事、禱告，然後十一點關燈、睡覺。

4. **預備好「給身體加溫」**：給身體加溫，就是讓身體保持溫熱，使全身充滿舒適的感受，進而能夠逐漸放鬆身體和心理的緊張感受，達到容易入睡的結果。因為醫學已經證明，身體溫熱是促進睡眠的有效因子。例如，泡四十度的熱水澡十至十五分鐘、使用熱水袋或暖暖包溫熱身體、睡前三十分鐘使用約四十度的蒸氣晚安貼，使用包覆貼貼在後頸部位、泡完澡後使用肚圍包來包覆肚子，維持胃腸等內臟溫度，確保生理機能正常運作。

使用各種方式，使你的身心在壓力鍋中先減壓，壓力能夠釋放。釋放疲勞的身心，放鬆來促進入眠，乃至於強化身心機能，使你疲累的身體獲得休息，缺乏的心靈獲得舒壓，因此能夠入睡。你也能夠儲備身心能量，重新得力再出發，因而能夠擺脫愈睡愈疲累的惡性循環，能夠一夜好眠。每一天醒來，都是清新飽滿的一天。

二、壓力鍋中調整自己

第二是壓力鍋中調整自己，就是使用一些手段，來調整自己身心所能承受的容量。主要是透過重新調整、規劃自己的能耐，來轉換形成具有生產性的動能，進而更容易來對抗各種身心壓力。具體操作方式說明於後：

1. **預備好強化身心機能**：是重新調整內心思想、認知態度，或生活次序，來增加身心內在能量。例如，建立運動習慣、強化健身伸展、學習身心課程、訓練心靈重建、練習經常大笑、練習各種體操、重塑全人身心、進行情緒治療等。

2. **預備好重新部署自己**：是透過重新調整認知架構來轉換成身心上的承受力，來增加身心內在能量。例如：重新調整個人信念和價值觀、建立正面的思想和意念、建立正面積極的生活態度、建立練習樂觀的習慣、練習感恩和讚美、練習品味生活等。

3. **預備好重新設定目標**：是透過重新調整目標，來形成實質上的新承受力。進而能夠綜觀全局，提出可大可久的大政方針。這包括訂定務實目標，專注重要事項、避免倍多力分。例如，若預知會有壓力衝突發生時，就需要站在制高點，訴諸更高層次的目標。並透過超然目標，來轉移焦點，化解衝突，降低壓力。需要重新釐清自我的價值觀、排定優先次序、制定超然且具體可行的目標、排定優先任務項目、認定可能的挑戰，且據以展開行動計畫。

第三節　睡得香甜

晚上躺臥能夠睡得香甜，就是今天努力做工後，把做工的結果交給上帝，讓壓力來源消失不見，然後放心去睡覺。

將壓力來源消失不見，就是進行需求面管理。**需求面管理**（demand-side management）是由需求方減少需求，來降低壓力的添加。主要是從壓

力的源頭來入手，減少形成壓力的事物。由於壓力是「心想」和「事成」之間的差距，這時是降低期望的「心想」，使內心想要的「心想」，盡可能接近現實狀況的「事成」。這樣的話，壓力源就會大幅減少甚至消失，就可以快速降低壓力。至於具體調整心想的方法有放下現在消除壓力源、延後期望消除壓力源兩大類，說明於後：

一、放下空想消除壓力源

學會放下現況來消除壓力源，就是直接降低沒有必要的「心想」。就是分辨這「心想」，是你自己的基本需要，還是心中的慾望與想要，或是被外界刺激誘發出來的需要。至於降低「心想」的做法，是將「心想」與「事成」對齊，就是恢復「心想」到現階段的「事成」狀態。具體做法可以將期望和承諾、經驗、口碑等對策工具相連結，即：

1. **放下不合理的承諾**：承諾是某一方對另一方答應給予某些好處或條件，而有利於對方的事物。這樣一來就會使對方有所期待，期待在某個時間點，必定能夠得到對方答應的事物或好處。於是放下不需要的承諾就會消除不必要的期待，進而消除壓力源。例如，某甲自我承諾要在一年內升上主管，這個承諾使某甲產生擔任主管的期待，產生無謂的壓力，導致某甲失眠。要降低壓力就需要減少這種承諾上的壓制。

2. **放下不合理的經驗**：經驗就是曾經經驗過的某種體驗感受，這自然會聯想到下一次也能夠獲得同樣的對待或體驗，因而對於下一次的活動有所期待，產生無謂的壓力。例如，某甲上個月的銷售業績表現耀眼，在單位中奪冠，於是他期待下個月的促銷活動也維持甚至打破這項紀錄，這產生無謂的壓力，導致失眠。要降低壓力就需要切斷這種

經驗上的連結。

3. 放下不合理的口碑：口碑就是從四周他人的口中，所說出來的意見或推薦建議，這會對還沒有經驗過的人，產生卓越品質的連結，進而對於類似行動產生期待，產生無謂的壓力。例如，同單位的某位高級專員宣稱某些同仁的業績表現十分亮眼，不只突飛猛進，還遠超過本單位的平均業績。這會使得本單位的某甲有比較上的壓力，生成追求高業績的期待，產生無謂的壓力，導致失眠。要降低壓力就需要切斷這種口碑上的影響力。

二、延後期望消除壓力源

延後期望來消除壓力源就是防微杜漸，先把心中的期待擱在一旁，直等到未來的供應和生產量能，能夠有所增加的時候，再來提高心中的期待。也就是現階段必須要先緩一緩，等待時機成熟再說。這是一種將心中理想的「心想」延後發生的「事成」做法。重點在於能夠事先處理潛在性的問題。這當中包括預防、誘因、治理三個方面。

1. 放下不合理的預防：預防是未雨綢繆的是先做好準備，這基本上是好的。只是不要太過於預防，產生過大的壓力。例如，在上半年的工作上，某甲為了應付年底的年終考核，就超前部署、過分緊張，壓力太大導致肚子痛，晚上睡不著覺。這時候就需要延後年底年終考核的預防，直接切割成為第三或第四季時再來預防即足夠。

2. 放下不合理的誘因：誘因是給予外在的物質或精神上的好處，這基本上也是好的。只是不要太過於強調，產生過大的壓力。例如，在誘因上提出凡是今年業績冠軍者，就多發年終獎金四個月。這使得業務員某甲拚搏奮鬥，想要多領四個月獎金，就給自己過大的壓力導致晚上

睡不著覺，爆發猛爆性肝炎。這時候就需要延後今年年終獎金誘因，到下一次的誘因期望當中。

3. **放下不合理的治理**：治理是實施外在的行為規範或印象管理，這基本上也是好的。只是不要太過於約束和強調，產生過大的壓力。例如，在治理上提出八點十分召開早餐會報，貫徹走動式管理，強調見面需要九十度彎腰行禮，並叫出對方的姓名，甚至規定每天拜訪顧客的次數和時間。這使得身為業務員的某甲神經緊張，壓力過大導致晚上睡不著覺，連續請病假。這時候就需要放寬心情，將治理調整到延後發生。

　　筆者在碰到一些不如意的事情時，例如，助理沒有照我的意思或時間內辦完所交辦的事情時；或是有不速之客突然插進來，打亂既定行程步調時。筆者會很不高興，並且不給對方好臉色。後來筆者開始學習先和自己的內心對話：

　　「這件事情不過是一件小事情，我何必為它抓狂、生氣呢！」

　　「這些都是芝麻小事，現在也沒有什麼大事了！」

　　這樣一來，筆者的生活壓力大幅減輕，哼起小調唱歌的次數也自然增加了。

第十四章 日日好日

> 一天過一天，日子就像流水飛逝，
>
> 每天都是好日子，每週都是好星期，
>
> 每月都是好月份，每季都是好季節，
>
> 每年都是好年節，一晃就是好多年，
>
> 當你日復一日把簡單的事情，重複做好它，
>
> 這樣你就會經歷日日是好日。

第一節　堅守信念

日日是好日需要擁有正向積極的人生信念。

詹姆士艾倫（James Allen）指出，**信念**（belief）是你心中真正相信的事情。是相信的最終標的，是自我心中要去真正面對的原點。也是你對生命、生活、生涯成長的最終期許。信念是你在解讀和處理外界事件時的問題解決機制，是心中對事件影響的最後裁判依據，也是人生觀與價值觀的縮影。信念在你人生中的地位非常重要，因此你要問自己：「我的人生基本信念是什麼？」

由認知心理的角度來看，「信念」是你「思想」的起始點，透過「思想」會產生「認知」；「認知」會帶出明確的「態度」；「態度」會形成實際的「行動」。因此，你要了解自己的信念內容，並適當的調整自己的內在信念，朝向積極正向來發展。

一、你的信念內容

一個人的信念包括三個層面，自我觀點、生活觀點、世界觀點，說明於後：

1. 自我觀點

自我觀點是指你對於自己的看法，以及對自我生活方式的期許，包括對自己本身意義的認定。自我觀點可以說就是你內在意志的外顯，意志決心會使你的生活具有意義，正如所羅門王說：你的內心如何思量，你為人就會這樣。你需要從自己個性才幹中看見自己的能力，看見自己的獨特性，並且認同自己的價值。因此，正向的自我觀點非常重要，是自我認同和自我安全感的起始點。

你需要練習以下的自我觀點：

相信只要活下來，就有希望。

相信一枝草一點露，天無絕人之路。

相信並接納上帝所創造的獨特自己。

相信生不帶來，死不帶去、有衣有食，就應當知足。

相信生命中擁有勇氣、鬥志，會積極面對挑戰，開創生涯。

相信你若能與自己和好，就能擁有喜樂、滿足的生命。

你的自我觀點需要建立在擁有信心、盼望、愛心上面，進而接受自己的獨特性。這時候你需要與自己和好，使自己成為上帝所喜悅的人。你若能夠與自己和好，必能擁有一顆知足、感恩、喜樂、勇敢的心，使你和四周都充滿喜樂、滿足的事物。

你的自我觀點，就如同是自我安全感的底線，足能夠捍衛你自己的內心，重新解讀所有不好的事情，進而抵擋面對挫折失敗的負面情緒，使它翻轉成為美好的事情。你的內心自我觀點，會構成你的信念內容。

2. 生活觀點

　　生活觀點是你對於四周他人的看法，以及對於四周他人生活的影響力或控制能力。生活觀點是你內在控制力的外顯。控制力影響使你有能力尋求生活的意義和人生目標使命。在生活觀點上，你需要與上帝和好。你需要從自己生活經歷中看見自己的影響力，看見自己的收獲，並且認同自己的生活。正向的生活觀點十分重要，會帶出你的生命經歷和如何影響他人。

　　你需要練習以下的生活觀點：

　　相信自己能和他人接軌，通往世界。

　　相信四周的人是善意的，他們不會無故的恨你。

　　相信你若能和四周他人和諧相處，就能擁有平安的日子。

　　相信知足常樂、能忍自安，就能夠擁有滿足、感恩的生活。

　　相信在信的人，凡事都能，上帝會介入其中，施行公平正義。

　　相信你若能與上帝和好，就能在上帝眼中，享有自由自在的永遠生命。

3. 世界觀點

　　世界觀點是你對於整個世界的看法，以及對於這個世界存在與虛實的認知。世界觀點是你內在虛實的外顯。存在虛實使你想到生命本質時，能夠找著自己活下去的理由。正確世界觀點十分關鍵，這是你對於世界運作上的正確認知。在世界觀點上，你需要與他人和好。你需要從自己所處世界中看見自己的定位，看見自己的有限，並且認識自己的能耐。因此，正向的世界觀點非常關鍵，這是生命探索和生命意義的起始點。

　　世界上每個人都各有特色和值得欣賞之處，每個人的相貌、言談、舉止、風格都是獨特的，每個人都有他特定的專長和才幹，在社會中位居不

同的位置。例如，有人銷售餐點，有人接聽電話，有人擔任秘書，有人駕駛車船，有人查帳審計，有人醫療疾病等，個人若是看不見自己所處的位置，是因為對自己的世界觀點，缺乏合理、客觀的認識。

你需要練習以下的世界觀點：

相信這個世界是和諧、互助、共存、共榮的。

相信這是一個充滿機會的社會，不是一個剝削吃人的社會。

相信愛裡沒有懼怕，愛既然完全，就能夠把懼怕除掉，勇敢面對世界。

相信上帝是力量的源頭，你不用害怕，也相信在世界上邪不勝正。

相信忍耐到底的人，必然會得救，明天會更好。

相信上帝是愛、相信人間有愛。

透過重新檢視你自己的自我觀點、生活觀點、世界觀點，加上勇氣和智慧，你便可以重新塑造這些觀點。三種信念觀點就有如一塊磁鐵，它會吸引或是排斥、喜歡或厭惡某些特質的人與事物，進入你的生命經驗中；它也會很自然的將和你自認為有相同想法、經驗的人與事物，吸納進入到你的生活事件中，進而成為你自己獨特的生活經驗。因此如果你能夠重新形塑正向的自我、生活、世界觀點，重建正向觀點，就能成為你想要成為的新人。

二、你的正面信念

要擁有正面的個人思想，你需要建立「真、善、美」和「信、望、愛」的正面信念，也就是擁有真誠、善良、美感、信心、盼望、愛心的六個人生信念，說明於後：

1. 眞善美

(1)眞：眞是眞誠，眞誠是堅持追求眞理的初心，眞性情的待人和接物，相信精誠所至，金石爲開的情懷。「眞」的正面信念會激發勇氣，形塑探求眞理的意志力，進而誠實探索，追求眞理。

(2)善：善是善良，善良是相信世人內心的善意，繼而追溯生命的本源，展開對世界的深度洞察，「善」的正面信念會滋生奮鬥能量，勇敢向上築夢、築夢踏實，並且貫徹始終。

(3)美：美是美感，美感是欣賞上帝創造的美好世界，會使你相信一束花草，一棵樹木，都蘊育著生命能量、藝術美感，值得再三品味。進而洞察出生不帶來，死不帶去的生命智慧；深信有衣、有食，就應當知足。「眞」的正面信念會相信知足常樂，能忍自安，藉以涵養出生命的本源。

2. 信望愛

(1)信：信是指信心，信心是即使外界環境變化莫測且十分險惡，仍然相信美好的事情必定要成就。深信在信的人，凡事都能，上帝必定介入和保守，並且施行公義和公平。

(2)望：望是盼望，盼望是無論四周情況如何演變，對於未來發展的答案都是「是的」。相信忍耐到底的，必然得救。相信一枝草一點露，天無絕人之路，人只要活著就會有希望，同時深信明天必然會更好。

(3)愛：愛是愛心，愛心是不管四周他人怎樣冷漠無情，對於人性的期待都是愛在人間。相信上帝就是愛，並且在愛裡必然沒有害怕，愛是永不止息。

在當前的後現代社會中，四處充斥著抗拒上位權柄、拒絕規條準則，甚至阻絕各種法則標準，拆毀各項參照點與意義指引。這使得世人在理解生命上，不再有任何原則、立場或典範可供依循。在此異常混亂的時空背

景下，你實在需要真善美、信望愛的參考模式和思想架構，上帝真理的大光會引導你勇敢的追求快樂、希望與幸福的人生。

第二節　正面思想

職人在實際工作或生活層面，並不是需要擔任主管職位時，才能進行領導。事實上，只要有一個人依從你的指令做事，你就是在領導對方。例如：兄姊領導弟妹、老鳥領導菜鳥、職員領導工讀生、學長姊領導學弟妹等。因此，職人領導的運作乃是隨時隨地都在發生，本節就從此處入手，職人領導就像是呼吸空氣般的在你的身上啟動運行著。因為信念決定想法，想法決定看法，看法決定做法，若能虛心檢查自己的想法，就是學習的開始。

事實上，你的一生就是領導者的一生，因為，你無時無刻都在領導的框架中。只要有一個人被你領導就算是領導，而不管領導的人數有多少人。例如，在小時候，你領導你的弟弟在家中玩積木；在小學，你領導你的兩位同學一起玩遊戲；在中學，你領導你的三位同學一起討論功課或打球。在大學，你領導你的四位社團夥伴一起完成社團的日常事務。

在領導別人的同時，必定有帶領的方向，就是你要帶別人到哪裡。於是領導者的信念和思維便非常重要。

「信念」是領導者對於這一個世界的看法或洞見。信念是「想法」的起點，經由重複思想自然會引導出個人清晰的「認知」，從而生成明確的「態度」，進而導引出個人「行為」，行為重複後自然養成出「習慣」和為人處世的「個性」，再決定個人「命運」。命運則是個人成功與否的最終結局。

由於信念是一個人態度和最終命運的決定因素，故先說明信念。

一、你相信什麼最重要

相信就是**信念**（belief）的表現，是你相信什麼，是你相信的內容，是你需要去面對的原點。諸如信念是個人是否相信邪不勝正，信念是個人是否相信人間有愛，信念是個人是否相信存在一個機會洋溢的社會，信念是個人是否相信上帝是愛。

信念內容是向你對自己的看法和對生命的期許，即自我觀點；你對他人的看法，即生活觀點；你對世界的看法，即世界觀，詳細內容請見前一節。

雨果說：「對於那些自信其能力，而不介意於暫時的失敗的人，沒有所謂的失敗；而對於那些懷著百折不撓的意志、堅定的目標的人，沒有所謂的失敗；對於別人放手，而他仍然堅持，別人退後而他仍然前衝的人，沒有所謂的失敗！對於每次跌倒，立刻站起來，每次墜地，反會像皮球一樣的跳得更高的人，沒有所謂的失敗。」羅曼·羅蘭也說：「懷疑與信仰，兩者都是必需的。懷疑能把昨天的信仰摧毀，替明天的信仰開路。」他們都指出人生信念的重要。

現在就暫時離開人群，找一個安靜的角落，找一個地方，讓自己的心思沉靜半個小時，拿起紙和筆，把自己的生活信念寫下來。把你的生命基礎，值得為它而活的生活信念寫下來。這不是自己的理想或是夢想，而是你的價值觀。試著重新清理你的思緒，讓信念成為你的生命導師，為進深職場軟實力做好準備。

二、你的想法決定你是誰

想法又叫做**思想**（think）或思維，是你心中浮現想起的意念，是你所有思緒的源頭，想法的產物就是「意念」。而你的想法是你健康、財富和幸福的泉源。因為當你是一位具有積極想法時，因為你的想法，你所追

求的機會自然會來尋找你，你所渴望的事物，自然會快速的傳送給你。只要你具有富足的想法和意念。

1. 認清自己的想法

　　首先，你的心中若是充滿著公平、正義、慈悲和善良的想法，你的心中必然會展現出光明、潔白的意念。當你對於未來滿懷信心時，他的想法必然是充斥著勇於嘗試和創新奮發的勇氣，進而產生破除萬難的意志。當你對於將來充滿盼望時，你的想法必然是充滿著堅定、等待，和期盼好事會發生的耐心，進而產生堅定不移的決心。而當你對於世界充滿愛心時，你的想法必然是充滿著熱情洋溢和施捨行善的心志，進而感染他人共襄盛舉，為社會做出正面貢獻。

　　相反地，若你的心中充滿著無情壓制、放縱情慾的想法，則你的心中必定展現黑暗邪惡的意念。就是當你對於將來喪失信心時，你的想法必定會喪失勇於嘗試和創新的勇氣，掉入恐懼害怕的思緒中。若你對於將來失去盼望時，你的思想必定會喪失堅定等待和期盼的耐心，墜入自艾自憐的深淵中。若你對於他人失去愛心時，你的思想必定會喪失熱情洋溢和施捨的力量，落入苦毒憎恨的泥淖中。

　　想法是信手拈來沒有窮盡的，你首先需要尋找使各種意念平安的想法，再將這個想法轉成個人的實際經驗。你無法只是空想，更需要付諸實施。需切記，想法永遠是現在進行式，因為上帝已經依照祂榮耀的豐富，在基督耶穌裡，使你一切所需用的都充足。並且要你不要去倚靠那不穩定的財富，而是要去倚靠那位賞賜百物給你享用的上帝。

2. 控制自己的想法

　　就由現在開始，用意志力控制你的想法！要讓自己滿懷希望，滿心快

樂。這時需要拒絕所有使你不快樂的想法，別讓它跑進心中。千萬不要容許上班前的塞車、等候紅燈、排隊打卡、同事八卦等負面事情，在你心裡胡思亂想。而是要從上頭承受積極樂觀、光明活力的想法，使你自己從現在開始，就能夠揮別過去。

開始吧，只要是真實的、可敬的、公義的、清潔的、可愛的、有美名的，若有什麼德行，若有什麼稱讚，這些事你都要多思想。

三、你看事情的角度

認知（cognizant）是你怎樣解釋一件事情，解釋外面的環境，把客觀的外面環境變化，經由你自己的心智思想，做主觀的解釋和解讀。

1. 事件認知的前提

事實上，若你心中充滿著光明想法，縱使外界環境非常險惡，你也能夠解讀成正面的生命挑戰，這就是樂觀的認知。在樂觀的認知下，你需要將該事件的樂觀層面宣告出來。用充足的信心，將這件事情，說的就好像是好事已經發生的一樣。例如，要應徵空中小姐前，宣告自己會雀屏中選。要公司面試前，宣告自己會獲得錄取。在樂觀的認知下，就會大大提高好事發生的機會。因為上帝是說有就有，命立就立的上帝。也因為上帝能夠照著運行在你心裡的大能大力，充充足足的成就一切，超過你所求所想的。

相反的，若你心中充滿著幽暗想法，就算是外界環境非常平順，你也會解讀成負面的悲哀無趣，這就是悲觀的認知。透過你心中所充滿的負面思維，你口中便說出沒有盼望的話。在悲觀的認知下，會帶出壞事容易發生的機會。這是因為認知會透過你命令式的「內言」，來實現一些事情。

這時你需要依靠上帝，勇敢的破除負面認知。現在開始對自己說：

「我是積極的，樂觀的，我能夠完成目標，我擁有信心，也具有勇氣。於是我有一個成功的計畫。靠著那加給我力量的，我凡事都能做。現在是我生命中最棒的日子，所有的健康、財富、資產、金錢、成就、愛心，都從上帝手裡賞賜給我了。」因為若是你能夠順從上帝帶領，上帝自然會供應你所需要的一切事物。

2. 解讀個別事件

特別是在你的四周環境中，環境「事件」必定是持續重複不斷的發生。但是，從環境「事件」到你行為「反應」中間的空檔，則是你生活智慧的真正體現，也是你「學習」活動的有效場域。在其中，你怎樣做出正確、合宜、得體的反應行動，就有賴於你心中的堅定信念、光明正向的想法，和對於特定事件的正面解讀認知，這樣才能產生積極、有效，且善體人意的行為反應。例如，同樣是在開車時，若有人超你的車，這時若你的心中充滿著這個世界真是美好的信念，心中想法是每個人都在走他自己的人生道路、奮發向上，因此對於別人超他的車子便會解讀成對方必然是有急事要辦，於是就放開油門、刻意減速讓對方超車，而不會亂鳴喇叭，硬是不讓路，甚至引來爭吵鬥毆，甚至是刀劍相向。中間的差異有天壤之別。

第三節　和諧關係

職人生活中的每一天，就像是一條彎彎河流，從早餐、午餐，晚餐時光，直流到睡覺時分。職人生活也會日復一日，從嬰孩時期奔流至老年，直到死亡之日。這條生命河流會流經你的每一天，會流過不同事件，遇見不同人事物。在每一個今天，你可選擇留下（流入），也可選擇跳過（流出），這是上帝給職人的自由意志。而當你選擇流入時，便和這個人或這

個事件，開始生命對話。經歷當中的酸甜苦辣，這就是職人每一天的生活故事。

一、家人之間差異大

要增進與家人的和諧關係，就要了解一加一的差異。人與人之間，本來就具有差異，當然也包括家人。在家人之間的近距離密切互動中，一加一的差異所帶來的衝突，來自從最基本的個性外向和內向差異、喜愛運動和整天宅在家差異、快速精準和慢活步調差異、謹慎小心和粗枝大葉差異等。如何和你的親愛家人相處，是很大的挑戰，因為相見容易而相處困難。

美國心理學家**威廉・馬斯頓**（William Moulton）提出D.I.S.C 四相人格理論，用來解釋人和人中間的**情緒反應**（emotions of people）。據此理論了解你親愛家人的人格差異。

首先，馬斯頓提供兩個準則來分辨一個人的主要人格特質。

第一個準則是：「外向或內向」，這是行為反應上的差異。「你在陌生人面前說話，會不會感到不自在？」若答案是「不會」，你就是「外向人格」；若答案是「會」，你就是「內向人格」。外向人格的人，天生反應快速、思想快、說話快、反應快、動作快、主動積極且善於直接表達等；至於內向人格的人，天生反應慢、思想慢、說話慢、反應慢、動作慢、被動消極且喜歡間接暗示等。

第二個準則是：「理性或感性」，這是觀念反應上的差異。「你在做一件事情時，你習慣上會比較在意事情的本身，還是比較在意別人的感受？」若答案是「事情本身」，你就是「理性人格」；若答案是「別人感受」，你就是「感性人格」。理性人格的人，天生重視事情的對和錯、任務結果、效率目的、價值意義、程序先後等；至於感性人格的人，天生重

視人際關係、感官氣氛、人與人的關係感受、希望不要有人受到傷害等。

在按照上面兩個準則分辨後，經過交叉相乘，便會產生「外向理性的D型人格」、「外向感性的I型人格」、「內向感性的S型人格」、「內向理性的C型人格」的四種主要人格特質。說明於後：

1. 外向理性的 D 型人格

外向理性人格的人，是屬於「**支配型**（dominance），D型」的人格特質。天生目標導向，喜歡追求主導權，追求成功的成就感。他們執行力強，喜歡當領袖，發號施令，享受發命令的成就感和方向感。他們喜歡別人這樣的說話：「讓我們比一比誰先做完它」，享受比賽的快感。他們很討厭輸的感覺，是一個喜歡融入比賽競爭氛圍的戰將。

2. 外向感性的 I 型人格

外向感性人格的人，是屬於「**影響型**（influence），I型」的人格特質。天生關係導向，喜歡追求被認同感，追求創意和自由。他們表現力強，喜歡不停的說話，並且轉換話題，享受認同感和歸屬感。他們喜歡別人這樣的說話：「你做得十分出色，再秀一段給我們看一看」，享受參與其中且被認同的喜悅。他們注意力容易分散，是個花蝴蝶，喜歡蜻蜓點水的歡樂散播者。

3. 內向感性的 S 型人格

內向感性人格的人，是屬於「**穩定型**（steadiness），S型」的人格特質。天生和睦導向，喜歡追求安全感，追求和諧和穩定。他們害怕衝突，不喜歡隨便說話，更不喜歡大聲說話，反倒是享受在穩定感和安全感當中。他們喜歡別人這樣的說話：「沒有關係，你慢慢的做，我們會等

你」，享受支持和成全別人的喜悅。他們很難拒絕別人，也不會隨便就轉換團體，是團體中重要的安定力量。

4. 內向理性的 C 型人格

外向理性人格的人，是屬於「**服從型**（compliance），C型」的人格特質。天生品質導向，喜歡追求真實感，追求人事物的價值感。他們邏輯分析力強，喜歡追求資訊的正確性，因為專業而受到別人尊重，享受正確性和完美感。他們喜歡別人這樣的說話：「你的數據資料十分正確，沒有人可以反駁」，享受人事物的正確性和完美感。他們很討厭被別人弄亂的感覺，是一個喜歡按照規定辦事的效率專家。

在了解自己與對方的人格特質後，很重要的一點就是要接納自己的特質，尊重對方的特質，而不要去改變對方。若是自己能夠了解對方，願意理解對方做事的動機，以及內心的需求，那便會如影隨形的產生諒解。而當家人中間能夠彼此理解和諒解，達成接納、包容和成全，那便是一種幸福，一種被理解的幸福。

例如，當支配型（D型）的一方到處亂跑，不願意安靜留在家裡時，另一方卻大聲斥責，結果是雙方關係更加緊張。這個時候，一方若能提議比賽，說：「你來比賽看誰先將衣服投進洗衣籃中，贏的人可以先選電視臺」，開啟對方追求主導權的支配D型性格，相信就會引發支配型對方的成就動機，努力做完家事。

二、戀愛生活來加分

在努力工作的同時，職人也不能沒有戀愛生活，戀愛是職場軟實力的必要內涵。事實上，戀愛生活是建立家庭的重要歷程，也是建立事業的加分題。說明如下：

1. 找對的人談戀愛

　　除了工作，你要找一個對的人談戀愛，預備進入婚姻。是到底要選擇誰呢？當然需要能看對眼，能「配」得上你。再者從進化理論來看，你要有個優秀的下一代，青出於藍勝於藍，因此選擇伴侶的條件，通常你有對方的外貌吸引力、經濟社會地位、個性合得來這三個項目。這也是普遍被接受的「選伴的三大要素」，說明於後：

(1) 外貌吸引力

　　首先是長相、身材、外表的「外貌」協會條件。這一點非常主觀，因各人文化背景不同而異。但情人眼裡出西施，愛情之箭射來就會使人盲目這是一定的，這是心理學上著名的**認知定向偏差**（recognition focus bias）。就是戀人評價伴侶的外表美麗程度，必定會高於其他外人對他的評價水平。這時候戀人會帶著玫瑰色眼鏡看對方，越看越美麗。你會覺得你所愛的伴侶，素質高於別人，無形中也排斥對他人的情慾慾望。這是你在愛情中，擁有高幸福感的最重要因素。也是上帝為要使人類能夠繁衍下一代，所放進的保護設計。

(2) 經濟社會地位

　　再來是經濟社會地位物質的「麵包」條件，是對方的工作收入、職業地位、家世背景等。愛情與麵包之間的糾葛不清，已經有數千年的歷史。但愛情勝過麵包的情節，總是令人在心底迴盪不已，這是心理學上著名的**素質排序準確度**（competence sort accurately）。就是戀人會跟據自己最重視的素質項目，對伴侶的素質高低，做出準確的排序。例如，若你最重視金錢，那你自然會被你認為有最高收入的人所吸引。又如，不愛江山愛美人的國王，他乃是將權勢地位放在最不重視的素質項目當中。

(3) 個性合得來

　　個性合得來是指性格善良，能夠接納對方的個性，也能夠壓過環境

的影響力。就是戀人會特別能夠正面鼓勵對方，能夠看見並強調對方的優點，這是一種心理學上的「**寬容的偏見**（tolerant bias）」。甚至戀人能夠鼓勵對方克服環境的限制，進一步把優點發揚光大。這一點能夠幫助發展雙方的感情，而不會使對方感到有壓力，認爲對方想要改變你，或你想要改變對方。

2. 穩定繼續發展戀情

在熱戀時期，你會迷戀你的伴侶，你會欣賞對方的優點，享受彼此之間的差異。但是一旦熱戀期過後，想要穩定繼續發展戀情，就需要面對現實生活，特別是因爲彼此的差異所造成的衝突。若是有一方要強迫另一方順從，自然會遭遇到反抗。結果是開始吵架，不能忍受彼此差異。試想，任一方的生活習慣和個性是從小就已經養成，已經伴隨這個人至少二十幾年。怎麼能夠爲了你（你們認識不過幾年），就要改變，這非常不近人情。因此，請不要改變你的伴侶，而是要了解彼此生活形態上的差異。

(1)生活習慣不一樣

雙方來自於不同的成長背景，以及原生家庭次文化，表現在生活習慣細節上的差異。例如，牙膏用夾子夾住好或完全擠光、洗澡完畢拖鞋豎立晾乾或橫擺。

(2)錢財觀念不一樣

雙方對於金錢管理的想法不同，包括要怎樣將花錢薪水放入家用共同帳戶中、共管錢財的比例、決定花錢的方式等。最常見的是較具有經濟能力的一方，就下達命令表現權力；或是賺得多錢的一方，強調他可以花更多的錢。

(3)家事分攤認知不一樣

在普遍是雙薪家庭的時代，住在一起後要怎樣共同分攤家事，是需要

大費周章。特別是有一方認定做家事是對方的應盡義務時，或是有一方的工作需要經常加班時，這個情況將會更嚴重而且難解。

人與人必有不一樣的生活種種，有其彼此需要互相磨合的地方，這是戀愛、婚姻生活的真義。職場軟實力的發揮，是能夠做到，職人最好的朋友就是配偶。配偶是職人各個朋友當中，最能夠無話不談，最能夠說出心裡話的那一位。這是優質職場軟實力的里程碑，值得職人們努力經營。職人們，加油。

三、正確對待伴侶

1. 幸福生活需要正確對待

正確對待他人很重要，面對配偶和家人更要如此。通常在家人面前，你的情緒表現最為直接。完全不戴假面具。因此，要有幸福美滿的家居生活，你需要學會正確對待配偶和家人，製造說出對的話的快樂。努力說出對的話，隨時隨地說出造就人的好話。更明白的說，你的每一位家人，都是活生生的個體。他們有著自己的個性和風格，有著不同的人格特質。因此，你需要「客製化」的正確對待家人，對不同的家人，使用不同的說話方式。這樣才能說出對的話，不會發生錯誤對待的遺憾事件。也就是讓你做自己人格特質的主人，並且能夠包容和成全對方，成就快樂幸福的家庭生活。

2. 正確對待的方法

正確對待對方，你需要做到「了解、理解，和諒解」，說明於後：

(1) 了解

了解就是看懂自己和對方是誰，根據外面可以看見的行為，判定自己

和對方的人格特質。先了解自己和對方的人格特質，願意分清楚雙方的個性，用點心思發現和了解彼此個性上的「優點和限制」。在這個階段，你需要欣賞自己和對方的人格特質，要完全接納你的人格特質。

例如，筆者是內向理性的服從型（C型）人格，平時不喜愛招呼陌生人，具有深沉專注事務的特點，加上律己甚嚴，自我管理較佳，這是優點。然而要留意不要過度控告自己，透過太多的自我評估貶低自己，落入完美主義的窠臼當中。愛妻則是外向感性的影響型（I型）人格，表達力強，高度追求創意和自由，生活上不喜歡受到拘束，是屬於標準的樂天派。

(2)理解

理解就是知道自己和對方為什麼會這樣做，根據內在不可以看見的感受和動機，來看清楚事情的前因後果和是非對錯。要理解對方的個性內在，願意放下自己的先入為主想法，去理解對方這樣說話或做事的原因，也就是對方可能的說話或行為「動機」，以及對於某些事物的特別感受。在這個階段，自己需要合理解讀對方說話和行為的動機，進而能夠認同對方的內在需要和外在行為。

例如，筆者看愛妻整天怡然自得，連下班走在回家的路上，都會唱歌跳舞自得其樂，拍風景照，在臉書PO文分享，筆者也看到愛妻不喜歡筆者將同樣的話說兩遍。這時候筆者就要理解到愛妻是「影響I型」的自由感受，和背後的創新動機，多去認同、欣賞愛妻的作品，並且節制自己說話不要太過於嘮叨、囉嗦。這就是正確的對待愛妻。

(3)諒解

諒解就是看得清楚，原來對方不是故意的，對方這樣做是有原因的。重點在原諒和饒恕自己和對方的無心之過。要諒解對方的想法、感受和情緒反應，願意接受對方這個人，進而能夠包容整件事情的來龍去脈，帶來

成全對方和交流分享。在這一個階段，你需要包容對方的說話方式和行為動機，進而能夠賞識對方內在的心思意念和情緒反應，成為鑑賞人際關係的達人。

例如，當愛妻聽到筆者同樣的話卻說個三遍，重複的交代給她待辦事項時。成熟的愛妻已經理解到筆者是「服從C型」，追求人事物和諧的動機使然。因此愛妻能夠諒解到這是筆者的理性內向人格特質，從而包容筆者的嘮叨，正確對待對方。

換句話說，做好了解、理解，和諒解，是要正確對待對方，就像是你撫摸貓咪的毛，要順著毛的方向撫摸，這樣貓咪就會感到很舒服，對你百依百順；你千萬不要反方向來撫摸貓咪，這樣貓咪會感到很不舒服，對你咬牙切齒。至於錯誤對待對方，就像是踩住小狗的尾巴，卻要小狗聽話躺下來一樣。這時小狗必然是痛得汪汪叫，努力掙脫，甚至回過頭來反咬你一口。

第十五章　美滿人生

美滿人生，來自快樂、希望、幸福且能夠知足感恩的生命。

美滿人生，來自成熟的生命，並且知道生命的本相。

美滿人生，來自面對現實能夠微微笑，跨過障礙並注視未來。

美滿人生，來自在於自己身上有一個天秤，面對上帝衡量善與惡。

美滿人生，就是有公平正義、有眞理、有理智，

　　　　　就是有始有終、誠實不欺、表裡如一、心思純正，

　　　　　並且對於權利和義務同等重視。

美滿人生，就是知道自己本身的價值，

　　　　　知道自己所能做到的，和自己所應該做到的。

且讓你如鷹展翅上騰，活潑亮麗的生活在世界中，

經歷美滿人生吧！

第一節　你是老鷹

　　你是老鷹，展翅翱翔是你的本能。你是老鷹，展翅上騰更是你的使命。老鷹就是需要飛得高、看得遠，成爲高瞻遠矚、洞察世局的先鋒。這是屬於老鷹的美滿人生。

一、如鷹展翅上騰

　　你必如鷹展翅上騰，活出美好的幸福風采，翱翔在全新的國度裡，疲乏的，上帝賜下能力；軟弱的，上帝加上力量。你等候上帝的必重新得力，必如鷹展翅再上騰。

　　例如，筆者在讀建成國中時，國文課張老師要學生寫作文，題目是：「長大以後你想要做些什麼事？」這時同學多半是懵懵懂懂的寫得不知所云，張老師說：「老師希望你們做個有用的人，也要做個誠實的人，老師希望你們展翅翱翔。」現在回想起來，真是智慧的話。只要你能夠誠實的面對自己，用誠心對待別人，相信必定會對國家和社會有貢獻，只要你能夠保守誠實的內心，並且樂在其中，不要活在別人的價值觀裡面，這樣你就離美滿不遠了。

1. 老鷹志在飛往高處

(1)上帝希望你是豐富滿足

　　上帝的原始心意是美好的，上帝希望你是幸福、豐富，和滿足的，從上帝創造人類後，說的話就可以知道，上帝說：「要生養眾多。遍滿地面，治理全地，也要管理地面上、海中和空中一切的活物。」這裡面指出兩個要點：

　　第一，上帝在乎你有一個美好的關係感，這樣你才能夠「生養眾多。遍滿地面」。人際關係是孕育一切生命的根源，只有在和諧的活出愛的關係中，你才能夠放鬆自己，放心的生養下一代，以致於生養眾多成為大群。這是職場軟實力的基礎。

　　第二，上帝在乎你有個清晰的價值感，這樣你才能夠「治理並管理全地」，成為全地的管理者，完成上帝交付給你的人生使命，做自己幸福人生的CEO。以上兩點更與馬斯洛的「人類需求層級」相似。這也是職場軟實力的基礎。

(2)關係感與價值感的神奇力量

　　在馬斯洛的人類需求層級中，是先有生理需求和安全需求，然後是愛與歸屬的需求，最後才是自我尊榮需求和自我實現的需求。在上帝的眼光

中，你一旦能夠活下去，自然是生理需求和安全需求已經得到滿足，再來才是另外三個需求，這可歸類為關係感和價值感，茲說明於後：

第一，關係感：馬斯洛的愛與歸屬的需求，就是關係感，是美好的人際關係的關係需求，也就是上帝所說的，要生養眾多、遍滿地面。這是職場軟實力的擴張。

第二，價值感：馬斯洛的自我尊榮需求和自我實現的需求，就是價值感，也就是上帝所說的，要治理這地，也要管理全地。關係感和價值感是你一生追求的目標，這是一定要的道理。這也是職場軟實力的擴張。

重要的是要擁有關係感和價值感，展開雙翼，邁向成熟人生。你就像是一隻老鷹，是小鷹在鷹巢中長大成為老鷹，後來老鷹帶領小鷹離開鷹巢開始飛翔，然後就搭載氣流，乘風飛翔。而老鷹在飛翔時，兩翼分別是關係感和價值感，裝載著滿滿的家人關愛和自己志在高處的使命感，一步一步的將自己推向高處。只有在關係感和價值感，兩方面都互相妥善搭配時，老鷹才能夠乘風而起，展翅翱翔。

(3)老鷹不同於烏鴉、母雞和火雞

老鷹和烏鴉、母雞、火雞大不同。老鷹善於飛翔，特別善於飛得高、飛得遠。老鷹志在乘風而起，展翅上騰，飛往高崗。

老鷹不是一隻烏鴉。烏鴉善於擔任傳聲筒，傳達地面上的各種訊息，於是有「大嘴巴烏鴉嘴」的稱號。這是烏鴉的特質，烏鴉會把你帶向地面，接近人世間的各種喧囂紛擾。

老鷹也不是一隻麻雀。麻雀善於回應，麻雀動作快，能夠對外面的環境變化，快速作出反應。但麻雀經常是前撲又後躍，折騰回到原點，造成徒勞無功的情形。於是，麻雀會把你帶向急躁的忙碌，方向的迷失中。

老鷹更不是一隻母雞或火雞。母雞和火雞善於發出響聲，搶奪眼前的利益。母雞和火雞都是短視、目光短淺的生物。母雞和火雞都習慣於口啄

地面，抖落並激起一陣灰塵，製造打鬥氣氛，進而從中賺取利益。但是，這樣反而會失去更多，失去更上一層樓的格局和機會。事實上，母雞和火雞都是把你帶向地面，掉進紛爭和擾鬧中。

你就是一隻老鷹，志在飛往高處。請不要把生活過得好像是一隻烏鴉、麻雀、母雞、火雞，只是拘泥於短淺視野，在短視近利的世界中打混仗，失去老鷹展翅翱翔，飛向天際的氣概。

老鷹要飛翔在高崗，只有老鷹能夠飛到高處，擺脫烏鴉、麻雀、母雞、火雞們的糾結。於是，讓所有屬於地面上、人世間的各種名利權謀、人事喧鬧、人聲鼎沸、烏煙瘴氣等，都留在地面上，不再揚起沾染到高飛的老鷹身上。這時候老鷹乃是展翅高飛，展現「振衣千仞崗，濯足萬里流」的非凡氣概。

當然，上帝創造完每一件產品，祂看每一個受造物都是好的。上帝都說：「好的」，因為上帝並不創造廢物。請記住：「你是最棒的，你一定能夠擁有美滿的人生」。你是上帝所創造的，就像是一隻老鷹，上帝要帶領你飛向高處，這是上帝起初對你的心意。於是，你絕對是獨特的，是獨一無二的。好像每一隻老鷹都長得不一樣，外型、長度、體積、翎毛長短，甚至是眼神、眼毛、眼眶顏色都不相同。也就是世界上並沒有其他人，是和你長得完全一樣的。你是與眾不同的，你一定有自己獨特的差異。所以，你要存著上帝所加給你信心的大小，看自己看得合乎中道的信念。這是你的自信心的源頭，你要相信自己是上帝的傑作，是如假包換的藝術品。

2.鷹眼銳利專注目標

老鷹使用銳利的鷹眼，專注於特定目標，就能有所成就。這時候你就需要不理會別人的批評和嘲笑、不分心在紛爭和吵鬧中、不浪費寶貴時間

和精力。並且看清楚前面的目標和方向，這樣你就可以飛到目的地。這是職場軟實力中美滿生命的要點。說明於後：

(1)不要理會他人的批評和嘲弄

事實的真相是，你不需要使每一個人都對我們滿意，這是一點都沒有必要的事，事實上也不可能做到，因此不要理會他人的批評和嘲弄。

你不可能做到使你周圍所有的人都滿意，這當中一定有人不欣賞你的能力、才華、個性。會在你的背後，甚至在你面前，指指點點，批評嘲笑。特別是老鷹越飛越高，身分和地位越來越成功時，在你周圍的人，或是出於嫉妒，或是出於驕傲，或是只是尋開心，就會想盡辦法，要把你從高位上拉下來。這是因為別人見不得你好，也不喜歡有人比他們優秀，於是便會惡意中傷或誹謗，散播不實傳言打擊你；甚至違法亂紀，無所不用其極，這是十分常見的事情。

在這個時刻，你需要果斷採取「不理睬」的作法，不用理會這些無理的批評和譏笑。因為你存在的價值，根本不需要受其他人來左右決定。你的價值是由上帝來決定，你不需要尋求這些人的肯定。理由是就算你缺少這些人的肯定，也不會動搖你存在的價值。所以，你不需要理會別人對你的批評和各樣的評價話語。

簡單說，只要你認為這是一件對的事情。是對多數人都有利的事情，是上帝要你去做的事，是能夠對上帝負責交帳的事情。那就請勇敢的做下去，完成它，不要在乎別人的眼光。例如，舊約聖經中亞伯拉罕要離開家鄉吾珥，前往迦南美地時，也是不理會他人的冷言冷語和惡意批評，毅然的前往應許之地。

(2)不要分心在各種紛爭和吵鬧當中

事實上，你不可能讓四周的人都喜歡，一定會有反對你的人。這是職人必須認清的事實，也是必須接受的現實。因此，請不要分心在各種紛爭

吵鬧當中。因為，那一些不喜歡你的人，會故意製造紛爭或擾亂，來打斷你既定的計畫。甚至還會趁火打劫，希望能夠趁亂撈些好處。

你不需要分心在紛爭吵鬧的事情上，甚至使你的計畫或工作停下來。這是很不值得的，也一點都沒有價值。反而，你必須要專心在上帝要你去做的事情上，盡心竭力完成上帝對你的召喚。因為各種的紛爭或擾亂，它就像是一顆顆的煙幕彈，炸到地面上，揚起陣陣灰塵、混亂和吵雜聲音。煙幕彈會阻擋老鷹的視線，使老鷹沒有辦法往高處飛。於是，身為老鷹的你，就只管高飛翱翔吧！請不要理會煙幕彈和煙霧，和無謂的紛爭和吵鬧。

例如，尼西米蒙上帝召喚，要他修築城牆。他不理會參巴拉、多比雅等奸人，所製造的紛爭和擾亂。尼西米堅持不出來參加協商，不停止修造城牆的工程。於是尼西米能夠在52天就將城牆修築完成，完成上帝的託付。

(3) 不要浪費寶貴的時間和精力給其他閒雜人

還有，外面世界每天都發生許多事情，每件事情都似乎在向你招手，告訴你說：「選我、選我。」或是「點我、點我，不要錯過我、放掉我。」因此，不要浪費你的寶貴時間和精力，給那些閒雜的人和事。因為，你若是回應這當中的閒雜人和事，就會耗去你許多的時間和精神。而這一點都沒有必要，理由是時間是你最寶貴的資源，請你不要浪費掉你寶貴的時間。

例如，耶穌很多次都不理會法利賽人和文士的挑釁和挑戰，耶穌專心傳揚福音，完成上帝對他的託負。雨果說：「哪怕是一個最英勇的人，一旦奪去他寶貴的理想，他也會落到一個生活空虛的境界中。」雨果說：「生活就好像是旅行，理想是旅行的前進目標和路線，一旦失去路線，就只能停止前進。生活既然沒有目標，你的精力也就自然枯竭。」

你要看清楚前面的目標和路線，上帝創造老鷹有一雙銳利的眼睛，就是要老鷹看清楚擺在前面的目標和路線。也只有看清楚目標和路線的你，才能夠不偏不倚的奔向上帝為你預備好的美滿人生目標。身為職人的你，需要專注在上帝對你的召喚上，專心且專注的完成上帝對你的使命召喚。這時候，你要說：「我為此而生，也為此來到世界上，特要為真理做見證。」勇敢面對這樣一個問題，堅定地奔向人生目標，成就優質的職場軟實力。

柏拉圖說：「一個人要想成為一個偉大的人，就不應該只有愛他自己，也不應該只有愛自己的事情，而應該去愛公平正義的事情。不論那件事情碰巧是他做的，還是別人做的。」「當你熱愛這個世界時，才算是真正的生活在這個世界上。」泰戈爾如是說。

二、老鷹就要飛得高

簡單說，做人處事的真相，不是暴虎馮河、野馬亂竄，而是好像是老鷹展翅高飛時，在老鷹翅膀一下一上規律擺動，形成美麗循環中一步一步的完成任務。在當中，翅膀向下是幫助老鷹，跳出自我毀滅的向下沉淪衝動；翅膀向上是幫助老鷹，推動氣流上升，飛向更高的天際。這樣透過兩翼的高舉，帶動兩翼的高飛，使老鷹能夠飛進自由，飛向高處。

因此，你需要忘記背後、努力面前，脫去容易纏累住你的各種包袱，奮力跑向目標標竿，展翅飛翔。保羅說：「我只有一件事，就是忘記背後，努力面前，向著標竿奮力奔跑，為著要得到從上帝來的冠冕。」只要你能夠堅持到底，相信成功和美滿必定會在你不遠的地方，等著你攀登。你要擴張自己帳幕之地，張大你居所的幔子，不要限制；要放長你的繩子，堅固你的橛子。展翅翱翔，鵬程萬里，這是美滿人生的鑰匙，Just Do It！

第二節　向上提升

　　本書到現在為止，各章中職場軟實力的提醒，都在幫助職人更成功、更快樂，邁向美滿人生，登上人生的頂峰。早上起床就嚮往幸福，早餐時光設定目標和多元目標，工作上重視工作神聖且開創價值，午休時間充分休息且廣結善緣，工作上持續充電終身學習，晚餐時間和家人分享交流、同理對方、互相尊重，擁有美好溫馨家庭生活，能夠安眠入睡等，然後日復一日的循環，預約美滿人生。這些都能夠使你成功，朝向更豐富的人生前進。但是只有勇敢的去做對的事，搭上真理的順風車，才能使職人長久向上提升，留在高處，不會墜落地面。說明於後：

一、做對的事

　　你在職人生活中，沒有辦法去做對的事，違反真理的順風，就沒有秉持正直和誠信來做人處事。那麼，就算是擁有最精進的快樂技巧，和最卓越的專業能力和工作態度。一旦失去最核心的誠信，就會使職人生活的全部待人接物，像是建築在沙土上的高樓大廈，經不起風吹雨淋和地震颱風的考驗，倒塌下來，並且倒塌的很嚴重。因為，說謊的言語就像是包著糖衣的毒藥，一旦吞下肚，就會像倒塌的骨牌，傾倒不可收拾。

1.道德決策的重要

　　職人在實際生活中要去做對的事情，實踐真正的**倫理標準**（ethics standard）與**道德水平**（moral level）。例如：不外遇發生婚外情、不收受賄賂和索取賄賂、不闖紅燈、不使用盜版、不偷竊物品等，上述道德行動都需要馬上做判斷。這種判斷就是**道德決策**（moral decision），這時並沒有很多時間能夠仔細思考，而是需要在很短的時間內就做出決定。而這種道德決策的結果，就能反映職人真正的價值觀。職人要抓住真理的順風，

也只有乘著順風起飛，才能夠向上提升，展翅翱翔在高空。

　　道德決策是你在做這個決定的當時，所要面對的兩種或三種以上價值觀，而且要馬上做出選擇。例如，在招標決標或人事決定的當下，究竟是要公開投標或面試來公平審查應徵者，還是通過有力人士請託或關說來內定應徵者。你要決定是要選擇維護公平價值，或是選擇獲取私利。事實上，這些價值觀是互相排斥，必須要進行取捨的。在工作中這種外在道德表現和內在正直內心，需要在有限時間內做出道德決策時表現出來。因為憑著外在行為，就能夠認出內心的真實樣貌。因為：「憑著所結出的果子，就可以認出你的心來。」就算是有滿腹經綸道德理論的人，也不一定能做出正確的道德決策。

　　道德決策的影響非常深遠，它可以使父母親歡笑，也可以使家門蒙羞，完全就在決策者的一念之間。所羅門王說：「智慧之子他使父親歡樂，愚昧之子他使母親蒙羞。」勞倫斯說：「每個人都必須按照自己內心的良心來過生活，而不是按照你的理想過日子。若是你的良心屈服於信條、理念、傳統，或是情慾衝動，那是你的墮落。」但丁說：「道德常常能夠填補智慧的缺陷，而智慧卻無法填補道德的缺陷。」這指出倫理、道德，與道德決策的重要性。

　　例如：臺灣大學哲學系林火旺教授，曾經帶著他的兒子到便利商店買東西，買完後他對著他的兒子說：「請等我一會兒，我要進去還錢給店員。」兒子不懂而問他：「爸爸，為什麼你要還錢給店員。」林教授說：「因為店員多找我一些錢。」兒子又接著問他：「既然是店員找錯錢，而且他不知道，為什麼你還要還錢給他呢？難道你不喜歡多拿一點錢嗎？」林教授說：「我當然喜歡多拿一點錢，但是不能用不誠實的方法，來得到這些錢。」事實上，金錢能夠再多一點，這是大部分人都喜歡的事。但是，一旦違反「誠實」的道德標準，你就應該放下個人的喜歡。

　　至於影響你能否達到符合社會道德標準的道德決策，就要看**道德強度**（moral intensity）的四個層面，就是社會共識、親近程度、結果的嚴重性、和結果發生機率來決定。其中前兩項是事前的道德意圖層面，後兩項是當下的道德知覺層面。這分別代表道德決策過三關的第一關和第二關，這兩個保護傘可以用來保護你，在面對相關的道德的決策問題時，能夠做出合理的決定。

二、道德決策過三關

　　做出正確的道德決策，在實際行為上，**瓊斯**（Jones Thomas）提出一個**偶然事件模型**（issue-contingent model），指出三道安全保護傘，用來保護你，它們是事前的道德意圖、當時的道德知覺、倫理道德良知，說明於後：

1. 事前的道德意圖

　　第一層的保護傘是事前的道德意圖，包括社會共識和親近程度兩個環節。它們是屬於事前的道德意圖，是一種旁人外加的社會約束力量，約束力道較為輕微。

　　在**社會共識**（social consensus）方面，社會共識是大家都有相同意見或看法的事情。由於大家的意見並不一定等於真理，同時社會共識也容易使人推卸責任給他人，說：「大家都這樣做。」這是因為社會周遭的人並不會互相約束這種行為，也因此缺少這方面的社會共識，以致使你陷入錯誤的道德決策迷思當中。例如，你會將陽臺外推，屋頂加蓋，因為別人都這樣做，只是大家心照不宣。再如，你開公司會準備兩套帳本，因為每一家公司都有兩套帳本，一本假帳本用來報稅，另一本才是真實的帳本。又如，離開臺北地區，紅綠燈就當成參考用途，只因為大家都這樣做。又

如，當警察抓到你開車超速時，你會說：「大家都超速，你爲什麼只抓我。」甚至還會振振有詞說：「你這樣抓我超速，就是選擇性執法。」

在**親近程度**（proximity）方面，是道德決策後，受害人和加害人中間，彼此間的心理相近的程度。若是較爲疏遠，就不會影響你的決策。例如，面對請託或關說，你容易做出不正確的道德決策，若你只有考慮受害者的層面。這是因爲請託或關說多是不肖人士得利，而受害人則是廣泛的普羅大眾，包括各地前來的應徵者、各行各業人士，而企業內部的人員也是受害者。但是這些受害人都是被歸類爲間接性受害者，他們和你的關係較爲疏遠。

例如，在南韓三星集團李在鎔會長關說案中，李在鎔會長牽涉到一件關說前總統朴槿惠，及行賄其閨蜜崔順實的挪用公款案。李在鎔會長貴爲三星王國少主，間接代表南韓政府大力培植的三星集團企業。但是李在鎔卻利用集團會長權力和威望，做出行賄、挪用公款、轉移資產、隱匿犯罪所得、作僞證等不法行爲，即五項罪名。由於在複雜政商結構下，企業主關說與行賄事件經常發生，在錯誤的社會現象下，社會約束力量十分薄弱。然而企業主一旦違背法律，索賄關說行爲就應該接受懲罰。另外，國民黨秘書長林益世牽涉索賄，和關說中鋼公司的下腳廢料標案，也是一樣的道理。

2. 當時的道德知覺

第二層的保護傘是當時的道德知覺，包括考量結果的嚴重性和結果發生機率兩部分。它們是屬於當時的道德知覺，是一種自己感受到的經濟約束力量，約束力道較爲強烈。

在**結果的嚴重性**（magnitude of consequences）方面，結果的嚴重性是做壞事被抓到的處罰輕重程度。例如，你會開車超速，因爲你認爲就算是

被警察抓到開罰單，你也可以找議員來銷單。再如，你會考試作弊，因為你認為就算是被老師抓到，你也可以找校長來壓制。又如，你會請託和關說，因為你在請託或關說後，就算被其他人發現舉報，其處罰內容並不嚴重，也不會影響日後社會聲望，自然你就會繼續請託或關說，你就不會進行公平競爭。相反的，若你認為請託或關說行為會減低你工作創作的原動力，並且會在意後果，你自然就會轉而選擇公平競爭。

在**結果發生機率**（probability of effect）方面，結果發生機率是做錯事被抓到的可能性。例如，你會開車超速，因為你認為警察抓不到，我裝有反測速照相裝置。再如，你會考試作弊，因為你認為老師抓不到，你作弊的功夫非常高明。又如，你會請託和關說，因為你在請託或關說後，你的技巧相當高明，不容易被別人發現，自然你就會使繼續請託或關說，你也不會進行公平競爭。

例如，在營造廠商爭搶政府建築標案的事件中，各種大大小小的圍標、搶標的案件經常出現，但很少會被警察抓到，浮出檯面的事件可能只是少數的個案，就算是被舉發並且接受法律制裁。然而這些不法營造廠商集團，從這當中所獲得的龐大利益，卻和他們所接受的法律刑罰，極可能不成比例。因此，臺灣政府面對營造廠商爭搶政府建築標案問題，若是要斬草除根，可能還有一大段很長的路要走。

3. 倫理道德良知

第三層的保護傘是運用倫理道德良知的基本原則來做決策。就是使用西方倫理的「自由、平等、博愛」三大支柱，也就是三個尊重，「尊重規則、尊重生命、尊重上帝」來做出決定。這是內心的倫理道德良知，是一種自我內在的倫理約束力量。說明於後：

(1)尊重規則

尊敬規則（respect the rule）是遵守各種法令規章和遊戲規則，不破壞商業交易和生活次序。就是強調職人的「自由」，應該要以不破壞別人的自由，做為前提。因此，在職場上，你就不會做出請託關說，甚至是做假帳、竄改資料、賄賂、說謊話、下載盜版軟體等不正當行為。

例如，亞都麗緻飯店嚴長壽總裁，年輕時曾經待過美國運通的旅行部門。有一次嚴長壽負責採購辦公室設備，他和貿易商會談後並已經完成簽約手續，在臨行前貿易商塞給嚴長壽一個信封袋，他急忙想要退還，但是貿易商已經離開。嚴長壽打開信，信封內有八張一千元的鈔票，在當時這是他兩個月的薪水，嚴長壽不假思索，就將信封袋交給總經理，總經理認定事情已經辦理妥當，便將這筆金錢，轉給公司的福利委員會，三十天後訂貨送達，嚴長壽檢查後認為商品有瑕疵，便要求退貨，貿易商很不滿意便差人傳話給總經理，總經理卻笑著回答對方說：「這件事情的因，你早就已經知道，您送的八千元在我這裡，若是你們想要，你們可以拿回去，不然我就會將這筆錢轉成員工的福利基金。」

(2)尊重生命

尊重生命（respect the life）是尊重上帝所創造的每一個人，就是尊重每一個人的人權，「平等」的對待世界上的每一個人。用在職場上，你就不會請託、關說，甚至是歧視有色人種、性騷擾、性侵犯、欺負弱小、刻薄對待弱勢團體或員工等不正當的行為。

例如，在美國，馬丁‧路德‧金恩博士帶領蒙哥馬利城的黑人，成功的抵制當地公共汽車業者歧視黑人的舉動。當時全城的五萬名黑人都響應，因而拒絕搭乘當地的公共汽車，雙方鬥爭僵持長達385天，最後迫使美國最高法院宣布，若在交通工具上實施種族隔離，就是非法的歧視。後來，金恩博士更組織美國歷史上影響深遠的「自由進軍」運動，他率領

二十多萬名黑人，向華盛頓市進軍，爲美國的黑人爭取人權。他的一段知名演說：「我有一個夢想」，更是一篇傳頌千古的佳作。

(3)尊重上帝

尊重上帝（respect the Lord）是西方倫理的核心，就是敬重上帝，和上帝所創造出來的這個世界，不要污染和破壞自然環境，你「博愛」的對待這個唯一的地球，以及在地球上面的每一個生命。用在職場上，你便不會做出破壞環境、亂丟紙屑、亂倒垃圾、過度使用紙張或塑膠製品等不正當的行爲。

三、東方西方倫理一點通

倫理和道德實在是一個銅板的兩個面，倫理是道德的原則，道德是倫理的實踐。東方倫理是傳統文化的四維八德，其中的四維，禮、義、廉、恥，就是倫理的標準；至於忠、孝、仁、愛、信、義、和、平的八德，就是道德的表現。需要說明的是，**管仲**提出的倫理中「禮、義、廉、恥」四維是倫理的精髓。有道是國之四維，四維不彰，國乃滅亡。東方倫理的禮、義、廉、恥，和西方倫理的自由、民主、博愛互相輝映。所表現出來的就是：尊重規則、尊重生命、尊重上帝，意義非常深遠，值得職人深思。因爲「自由」是孕育秩序的「尊重規則」行動，「民主」是平等對待的「尊重生命」風範，「博愛」則是仁民愛物的「尊重上帝」展現。因此，東方倫理的禮義廉恥和西方倫理的自由、民主與博愛是相通的。

簡單說，西方倫理的基礎是「三個尊重」，就是尊重生命、尊重規則、尊重上帝。這是歐美各國的立國精神和建國支柱，也就是自由、平等和博愛的所在。至於東方倫理的基礎就是四維和八德，這是中華民族的傳統文化精髓。在這裡：

「禮」是「規規矩矩的態度」，就是「尊重規則」。尊重各樣的規

則，遵守法規，非禮就是破壞人際規則，侵犯到別人的身體自主權。

「義」是「正正當當的行為」，就是「尊重生命」和「尊重上帝」。尊重各人和各生物的生命，做公平正義的事情，遵守正道到永遠。

「廉」是「清清白白的辨別」，就是強調分外的錢財，分文不取；也就是君子愛財、取之有道。

「恥」是「切切實實的覺悟」，就是具備知錯能改、善莫大焉的道德勇氣；也就是勇敢認錯，做到知恥近乎勇的行為。

例如，楊存中是南宋初期的抗金名將，當時他屢次立下戰功而位居高位，有一次他在女兒生產時，利用職權「拔吳門良田千畝，以為粥米」給他的女兒，當時楊家的家庭教師寫一封祕密信函給楊存中，信中寫道：「您現在有權有勢，卻私撥民田，別人當然不敢對你怎樣，但是等到你日後不再有如此權勢時，就難保你的平安。」楊存中在讀完這封信後，便覺悟到自己的過錯，連忙將私自挪撥給女兒的良田，全部退還給百姓，這便是楊存中他知錯能改，善莫大焉的明證。

你要做到「尊重規則、尊重生命、尊重上帝」。你需要自我要求對所有的人事物做到誠實和真實，這是最高級的尊重。例如，尊重規則和尊重生命都是**孔子**所說：「己所不欲，勿施於人」。也就是耶穌所說：「你們願意別人怎樣對待你們，你們也要怎樣對待別人。」這些都是指向尊重規則和尊重生命。因為這些都是一種延伸的**自我尊重**（self-respect），以及自我實現的行為。

貝多芬說：「把德性教給你們的孩子：使人幸福的是德性而不是金錢。在患難中支持我的是道德，這是我的生活經驗。」亞里士多德也說：「遵照道德準則生活就是幸福的生活。」富蘭克林說：「驕傲起初導致豐盈，然後反轉導致貧困，最後導致聲譽掃地。」若是犯錯，因著人非聖賢，孰能無過的古訓，需要透過「你若認自己的罪，上帝是信實的，是公

義的，必要赦免你的罪，洗淨你的不義」的方式，承認錯誤，勇於改過。因為**春秋左傳**中指出：「知錯能改，善莫大焉」。

例如，約瑟給他的孩子取名叫耶穌，因為天使告訴約瑟，使他知道，耶穌要將祂自己的百姓從罪惡裡拯救出來。也因為耶穌已經為世人的罪惡，被人釘死在十字架上，流出自己的鮮血來洗淨世人的罪惡。而耶穌在第三天後更從死裡復活，戰勝死亡的權勢。透過耶穌的復活生命，能帶給世人永遠的生命，這更是認定幸福內涵的另一項省思。因為作者深信耶穌已經為世人的罪惡，甘願被釘死在十字架上，流出鮮血來洗清潔淨世人的罪惡，而耶穌在三天後更從死裡復活，戰勝死亡的權勢，透過耶穌的復活生命，要帶給世人永遠的生命。

現在，當你讀完這一節，我可以肯定的說，你是一位職場軟實力達人，美滿人生已經擺在你的眼前。在上帝的光中，在上帝沒有難成的事，依靠上帝，多加練習，深信你必定可以擁有快樂、希望、幸福的美滿人生。祝福你，且讓我們拭目以待。

上帝愛世人，甚至賜下祂的獨生兒子耶穌，

叫一切相信耶穌死裡復活的世間人，

不致於滅亡，反而可以得到永遠的生命。

這新生命好像是年幼小鷹，在成熟成為老鷹時，

必須脫去全身的羽毛，再換上全新的羽毛一樣，

得以重新鼓動雙翅，展翅上騰，

翱翔於天際之上。

在這裡用一首名叫「祝福」的曲子，做為本節的結束：『送你一份愛的禮物，我祝你幸福。不管你在何時，或是在何處，莫忘了我的祝福。人生的旅途，有甘有苦，要有堅強的意志。付出你的智慧，流下你的汗珠，創造你的幸福。』願上帝賜福於您！

第三節　邁向美滿

最後要邁向美滿，就是去做吧「Just Do It！」

一、熱烈採取行動

現在請熱烈採取行動，直到看見美滿的彩虹在天邊出現。

1. 不只心動也要採取行動

(1)只有實際做到，才算是獲得價值

你要從頭腦「知道」到行動「做到」。你要能夠開始行動邁向美滿的第一步，你不可能靠著空想和幻想而渡過河川，只有在實際嘗試過後，你才算獲得價值。

(2)事實上，當你想要去做的剎那，就是行動的良機

實際行動的最佳時機，就是在你想要去做的當下。因為，在這個時間點，通常你的心中也會同時浮現出，許多你不想去做它的各種理由。倘若這一件事情並不是你設定的目標，就不是你真正想要去做的事情，這時，不想去做的理由就會勝過想要去做的理由，而你也就不會真正的去完成它了。因此，你必須要將你真正想要做的事情，切實的設定成你的目標，讓這二者合成一塊，你心中那些不想去做的理由就會不攻自破，這樣你才會有實際的行動，有機會邁向美滿。

2. 從不可能到我可能

(1)養成言出必行的新習慣

當你想要去做時，若是能夠把它說出來，這樣必定能夠強化你實際做事的動機，邁向美滿。你一旦把話說出口，就要立刻執行它。你可以先練習以工作周遭到的小事，做為起始點。例如，你說：「我會打電話給

你。」你就要撥冗打電話聯絡對方；你說：「我要請朋友泡湯喝茶。」你就要去找朋友休閒泡湯和喝茶聊天。試著讓這樣的良性循環成為你的日常習慣，這樣你就可以塑造自己成為一位言出必行，熱烈採取行動的人。

(2)人生沒有什麼不可能的事情

人生沒有什麼不可能的事情，事實上，從「不可能」，到「我可能」（from impossible to I'm possible），只是一念之間的事。對於別人的請託，除非違背法律和倫理，基本上，你應該先和對方說：「好的。」這樣才會鋪陳出雙方合作的機會，你的人生才能有機會做無限的延伸，逐漸邁向美滿。你就是自己人生的當事人，你必定能為自己擔負起責任，你有絕對的信心，因為在上帝的光照中，人生沒有什麼不可能的事情。上帝能照著運行在你心中的大力，充充足足地成就一切，超過你所求所想的。你不可以丟棄勇敢的心，存著這樣的心必定得到大賞賜。上帝必定能夠照著運行在你心中的大力，充充足足的成就一切，超過你所求所想的邁向美滿。

筆者數算上帝恩典、凡事謝恩、時刻禱告，把頌讚榮耀歸給上帝！

二、最後的祝福

祝福你，每一天的早晨，從睜開雙眼的那一霎那起，
你都是在展開對於美滿的追尋，
美滿是從家裡出發，
由上班的工作現場接棒，
下班再回到你的家中，
在到夜晚闔眼的時刻有家人相伴，
你為一天的美滿畫下美麗的句點。
祝福你，每一天都是美滿的時光，
你會看見快樂，看見希望，看見幸福，

筆者特別寫下祝福：

祝福你，每一天有更多美好的事發生；

祝福你，達成你所想要的成功，經歷心想事成；

祝福你，享受你所擁有的幸福和快樂，經歷知足常樂。

祝福你，以恩典為年歲的冠冕，每天的路徑都滴下脂油。

祝福你，帶著期待的心來到上帝的面前，經歷上帝奇妙的作為。

祝福你，邁向美滿人生，願上帝賜福於你。

參考文獻

方至民、李世珍（民102），《管理學：內化與實踐》，臺北市：前程文化出版。

王淑俐（民109），《生涯規劃與職涯發展》，臺北市：三民書局出版。

王俞惠譯（民101），《自信思考術》（泉忠司曼著），臺北市：大牌出版。

李家同（民84），《讓高牆倒下吧》，臺北市：聯經出版。

江智惠、毛樂祈譯（民109），《職場軟實力》，亨利・克勞德著，臺北市：校園書房出版。

阮胤華譯（民98），《愛的語言——非暴力溝通》，馬歇爾・盧森堡著，臺北市：光啟文化出版。

吳信如譯（民99），《遇見心靈365》，（古倫神父著），臺北市：南與北文化。

吳信如譯（民97），《領導就是喚醒生命》，（古倫神父著），臺北市：南與北文化。

何則文（民109），《成就未來的你：36堂精準職涯課，創造非你不可的人生》，臺北市：悅知文化出版。

林育珊譯（民97），《築人生的願景：成功的生涯規劃》，史特拉・寇提列著，臺北市：寂天文化。

邱淳孝（民108），《闇黑情緒》，臺北市：寶瓶文化。

屈貝琴譯（民98），《面對心中的巨人》，路卡杜著，臺北市：校園書房出版。

季晶晶譯（民104），《價值主張年代》，奧斯瓦爾德、比紐赫、班納達、史密斯著，臺北市：天下文化出版。

姜雪影譯（民98），《10、10、10：改變你生命的決策工具》，蘇西·威爾許著，臺北市：天下遠見出版。

洪翠薇譯（民98），《大學生了沒：聰明的讀書技巧》，史特拉·寇提列著，臺北市：寂天文化。

洪慧芳譯（民107），《深度職場力：拋開熱情迷思，專心把自己變強》，卡爾·紐波特著，臺北市：天下文化出版。

洪蘭譯（民102），《邁向圓滿：掌握幸福的科學方法與練習計畫》（馬汀·賽利格曼著），臺北市：遠流出版。

洪蘭譯（民102），《練習樂觀、樂觀學習》（馬汀·賽利格曼著），臺北市：遠流出版。

洪蘭譯（民102），《眞實的快樂》（馬汀·賽利格曼著），臺北市：遠流出版。

徐仕美、鄭煥昇譯（民103），《最打動人心的溝通課》，艾德·夏恩著，臺北市：天下文化出版。

施以諾（民92），《態度決定了你的高度》，臺北市：橄欖文化出版。

殷文譯（民94），《第八個習慣》，史蒂芬·柯維著，臺北市：天下文化出版。

郭亞維（民99），《哈佛校訓給大學生的24個啟示》，臺北市：文經閣出版。

張智淵譯（民103），《一句入魂的傳達力》，佐佐木圭一著，臺北市：大是文化出版。

陳恩惠、吳蔓玲譯（民95），《態度：你的致勝關鍵》（約翰·麥斯威爾著），美國加州：基石文化出版。

陳聖怡譯（民106），《職場俯瞰力：用更高的視角、更寬闊的視野做出快速正確的判斷》（山口眞由著），臺北市：邦聯文化出版。

陳嫦芬（民105），《菁英力：職場素養進階課》，臺北市：商周出版。

陳澤義（民108），《幸福學：學幸福（三版）》，臺北市：五南出版。

陳澤義（民108），《管理與人生（三版）》，臺北市：五南出版。

陳澤義（民107），《現代管理學：數位趨勢下的管理藝術（三版）》，臺北市：普林斯頓出版。

陳澤義（民105），《生涯規劃（三版）》，臺北市：五南出版。

陳澤義（民105），《解決問題的能力》，臺北市：印刻出版。

陳澤義（民104），《溝通管理》，臺北市：五南出版。

陳澤義（民101），《影響力是通往世界的窗戶》，臺北市：聯經出版（深圳市海天出版簡體字版）。

陳澤義（民100），《美好人生是管理出來的》，臺北市：聯經出版（深圳市海天出版簡體字版）。

曹明星譯（民100），《黃金階梯：人生最重要的二十件事》（四版），伍爾本著，臺北市：宇宙光出版。

黃賀（民102），《組織行為：影響力的形成與發揮（二版）》，臺北市：前程出版。

黃家齊、李雅婷、趙慕芬（民106），《組織行為學（第17版）》，羅賓森著，臺北市：華泰文化圖書出版。

彭明輝（民101），《生命是長期而持續的累積》，臺北市：聯經出版。

楊明譯（民103），《彼得杜拉克的九堂經典企管課》，李在奎著，臺北市：漢湘文化出版。

詹麗茹譯（民84），《成熟亮麗的人生》（桃絲・卡內基著），臺北市：龍齡出版。

廖月娟譯（民101），《你要如何衡量你的人生》，克里斯汀生、歐沃斯、狄倫著，臺北市：天下文化出版。

趙燦華譯（民94），《關係DNA》，史邁利・蓋瑞著，美國加州：美國麥種傳道會出版。

臧聲遠（民103），《縱橫職場軟實力》，臺北市：就業情報雜誌出版。

劉玉潔譯（民84），《祝福—和諧人生的祕訣》，史摩利・特倫德著，臺北市：校園書房出版。

鄭淑芬譯（民99），《批判式思考：跳脫慣性的思考模式》，史特拉・寇提列著，臺北市：寂天文化。

魏郁如、王潔、陳佳慧譯（民98），《我的人生思考》，詹姆士・艾倫著，臺北市：立村文化出版。

盧建彰（民104），《願故事力與你同在》，臺北市：天下文化出版。

謝綺蓉譯（民90），《80-20法則：快樂、成功和進步的祕訣》，理查・高柯著，香港：中華書局。

謝凱蒂譯（民98），《讓天賦自由》（肯・羅賓森；盧・亞諾尼卡著），臺北市：天下文化出版。

關秀娟（民103），《懂得活：給都市人的快樂良方》，香港市：經濟日報出版。

蕭美惠、林家誼譯（民101），《改變一生的人際溝通法則》，卡內基訓練機構，臺北市：商周出版。

應仁祥譯（民107），《內在的光》（湯姆斯・祈里著），臺北市：校園出版。

羅耀宗譯（民103），《聚焦第一張骨牌：卓越背後的超簡單原則》（蓋瑞・凱勒；傑伊・巴帕森著），臺北市：天下雜誌出版。

國家圖書館出版品預行編目資料

職場軟實力/陳澤義著. --初版. --臺北
　市：五南圖書出版股份有限公司, 2021.08
　面；　公分
　ISBN 978-626-317-075-9 (平裝)

1.自我實現　2.生活指導　3.職場成功法

177.2　　　　　　　　110013015

1B1Z
職場軟實力

作　　者 ─ 陳澤義（246.7）

發 行 人 ─ 楊榮川

總 經 理 ─ 楊士清

總 編 輯 ─ 楊秀麗

副總編輯 ─ 王俐文

責任編輯 ─ 金明芬

封面設計 ─ 姚孝慈

出 版 者 ─ 五南圖書出版股份有限公司

地　　址：106臺北市大安區和平東路二段339號4樓

電　　話：(02)2705-5066　　傳　　真：(02)2706-6100

網　　址：https://www.wunan.com.tw

電子郵件：wunan@wunan.com.tw

劃撥帳號：01068953

戶　　名：五南圖書出版股份有限公司

法律顧問　林勝安律師事務所　林勝安律師

出版日期　2021年8月初版一刷

定　　價　新臺幣350元

經典永恆・名著常在

五十週年的獻禮 —— 經典名著文庫

五南，五十年了，半個世紀，人生旅程的一大半，走過來了。

思索著，邁向百年的未來歷程，能為知識界、文化學術界作些什麼？

在速食文化的生態下，有什麼值得讓人雋永品味的？

歷代經典・當今名著，經過時間的洗禮，千錘百鍊，流傳至今，光芒耀人；

不僅使我們能領悟前人的智慧，同時也增深加廣我們思考的深度與視野。

我們決心投入巨資，有計畫的系統梳選，成立「經典名著文庫」，

希望收入古今中外思想性的、充滿睿智與獨見的經典、名著。

這是一項理想性的、永續性的巨大出版工程。

不在意讀者的眾寡，只考慮它的學術價值，力求完整展現先哲思想的軌跡；

為知識界開啟一片智慧之窗，營造一座百花綻放的世界文明公園，

任君遨遊、取菁吸蜜、嘉惠學子！